EVROPA

EVA DUOGRAPHIEN
Band 5

Duographie: Wiederholte Spiegelung

Die Duographie, anders als die Biographie, behauptet nicht, ein Leben vollkommen aufzuklären; behauptet nicht, anders als die Monographie, erschöpfend und systematisch ein Ganzes aufzubauen. Die Duographie strebt, die unendlichen Möglichkeiten und Wechselfälle der Zeit im Spiegel zweier Persönlichkeiten festzuhalten.

Wilhelm Salber

SIGMUND UND ANNA FREUD

Europäische Verlagsanstalt

Für Linde

Sigmund Freud

Sigmund Freud

Professor Doktor Sigmund Freud war 1,70 m groß, mit eigenem Geschmack für Fantasiewesten sorgfältig gekleidet; in der Mitte des Lebens betont aufrecht, im Alter etwas nach vorn gebeugt. Jeden Tag ordnete ein Friseur ihm Haar und Bart. In den letzten Lebensjahren war sein Gesicht durch eine Gebißprothese entstellt. Sein Kopf erinnerte Salvador Dalí an den Wirbel des Jupiter Amon. Besucher beeindruckte der eindringliche Blick.

Im Umgang mit anderen Menschen legte Freud Wert auf Zuverlässigkeit und Pünktlichkeit. Er gab seinen Besuchern die Hand mit großem seitlichem Schwung, wie ein Patriarch. Wen er schätzte, dem war er ein freundlicher Gesprächspartner; sonst verhielt er sich seinen Mitmenschen gegenüber eher distanziert. Wer in sein Arbeitszimmer gelangte, fand sich in einem kleinen Museum, gefüllt mit Antiquitäten der großen Kulturen, die zwischen Büchern eingefügt waren, eigenen und fremden.

Die erste Ausgabe seiner gesammelten Arbeiten umfaßte zwölf Bände; nach seinem Tode erschien in England, das mit Deutschland in Krieg lag, eine deutsche Gesamtausgabe, die bisher achtzehn Bände umfaßt. Außergewöhnlich für einen Psychologen des 20. Jahrhunderts ist, daß er in Tausenden von Briefen darüber sprach, wie er die Wirklichkeit sah und wie seine Lehre vom Seelischen zu verstehen sei.

Eins seiner Bücher, die *Traumdeutung* von 1900 (1899), stand im Britischen Museum neben Texten von Darwin und Marx – als eins der drei Bücher, die die moderne Zeit entscheidend beeinflußten.

Sigmund Freud selbst war skeptisch gegenüber dem Bemühen, seine Biographie zu schreiben. Das zutiefst Bedeutsame sei unerfaßbar – und bei wem würde das Unfaßbare nicht im Unehrbaren enden, wie sich bereits im *Hamlet* nachlesen lasse. Dennoch werden die Versuche nicht aufhören, einen Menschen wie Sigmund Freud zu charakterisieren, der dem idealen Bild des Menschen eine neue Kränkung zufügt: Er sei nicht Herr im eigenen Haus. Die Menschen wüßten zu gern, wie der selbst beschaffen ist, der auf ihr Weltbild so einzuwirken wagte.

Man muß sich immer eine Lebensgeschichte im ganzen ansehen, vom Anfang bis zum Ende. Dann hebt sich auch im Bild des »Professors« ein zweites Bild heraus. Es erweckt den Eindruck, das Erleben, Tun und Lassen von Sigmund Freud zeige zwei Gesichter – als spiegele der Dualismus der Freudschen Psychologie gerade das. Mal treten leidenschaftliche Züge und harte Zwänge in den Blick; er wütet, ist überempfindlich, er ängstigt sich, er wertet ab – und sucht das zu beherrschen, seinen Willen zu demonstrieren. Ein andermal verspürt man weiche, fast sentimentale Züge. Man sieht einen Menschen, der um Liebe wirbt. Freud sucht die Nähe zu anderen Menschen und geht auf Distanz zu ihnen; er will auf eine »Bewegung« wirken und auf einer einsamen Insel seinen Gedanken nachgehen können. Er arbeitet an seiner Legende – der Mann, der das Rätsel der

Sphinx löste, der den Blick der Menschheit veränderte. Als Legende wird er geliebt und ist zugleich den Anhängern fern gerückt, kann ihnen sogar böse sein. Für ihn wäre der Nobelpreis die passende Anerkennung.

Immer wieder ein Wechsel – ein Wechsel von Zukunftsgewißheit und sich wiederholender Todesfurcht, von Liebe und Haß gegenüber denselben Menschen oder Ereignissen; ein Wechsel von Offenheit und Distanz, von Arbeitswut und Reservaten des Lebensgenusses. Diesen Wechsel thematisiert er selbst: Ein Leben lang fühlt er sich verwickelt in die »ewigen Ambivalenzen« – da möchte er alles im »Wirrwarr« lassen (Brief an Lou Andreas-Salomé vom 9. Mai 1931). Freud versucht den Wechsel in sein System zu bringen. Die Extreme berühren sich, noch mehr: Für ihn hat die Liebe den Tod in sich, der Tod geht seinen Weg über die Bindungen der Liebe.

Sigmund Freud ist ein Aufklärer, und er ist abergläubisch; er kämpft als Wissenschaftler für die Anerkennung der unlogischen und unwissenschaftlichen Wirklichkeit des Seelischen. Unerschrocken verkündet er seine Auffassung; er ist mutig, weicht Kämpfen und Entscheidungen nicht aus. Doch dann überfällt ihn die Angst, er ist wie gelähmt. Ohne zwanzig Zigarren am Tag gehen Schreiben und Arbeiten nicht voran. Konsequent, mit ganzer Liebe und ohne Abweichen betreibt er sein Lebenswerk einer neuen Psychologie – begleitet von Migränen, Beschwerden am Herzen, am Magen, am Darm, an der Blase; mit Verstimmungen, Sich-Ärgern und Klagen. Selbst mit der Sexualität klappt es nicht immer. Freud schätzt sich selbst mal als hysterisch, mal als zwanghaft ein, er erzählt von seiner Neurose, er fühlt sich nie frei von Symptomen.

An Selbstgefühl mangelt es ihm allerdings nicht, er gibt sich siegessicher. Wenn ihn nur nicht ständig der Tod beängstigte. Selbst aus seiner neuen Telefonnummer liest er zwei Varianten eines Todesdatums heraus. Der Tod beschäftigt ihn; er verdächtigt seine geliebten Freunde, sie wünschten seinen Tod – er wird ohnmächtig und erwacht mit den Worten, es müsse süß sein zu sterben. Trotz der Todesangst von früh an fügt dieser Psychologe, bei all seiner Systemwut, erst als Sechzigjähriger die Gewalt eines Todestriebs in sein Konzept ein. Seltsame Verzögerungen und Abwehrprozesse. Freud enthüllt in seiner eigenen Vergangenheit Begehren, Mordtendenzen, Machttendenzen, Schuld, wenn es um Vater und Mutter geht. Doch erst im Alter läßt er sich auf die Probleme der Einheit von Mutter und Kind zu Beginn der menschlichen Entwicklung oder auf den »dunklen Kontinent« des Weiblichen ein.

Freud ist ein ausgezeichneter Erzähler seiner Psychologie, ein Erzähler mit eigenem Stil und beispielhafter Didaktik. Er kann ein freundlicher, für seine Gedanken werbender Gesellschafter sein. Doch den Umgang mit anderen Menschen durchbrechen Anfälle von Wut, Rachsucht, übler Nachrede und Beschimpfung. Da wirkt er kindlich starr, trotzig, ablehnend gegen »fremde« Beobachtungen oder Überlegungen. Er wendet sich ab, weil er nicht »versteht«. Schon viele Jahre bevor er mit seiner Psychoanalyse auftritt, provoziert er Angriffe gegen sich, indem er die Wiener Ärzte vor den Kopf stößt.

Ein Leben lang sucht Freud seine »andere« Seite zu beherrschen, und zumindest gelingt es ihm, als er älter wird, sein Gekränktsein, seinen Ärger und seinen Wiener Schmäh nur noch im Kreis von Vertrauten auszusprechen.

Für ihn gibt es viel »Gesindel«, und auch von seinen Anhängern denkt er nicht immer das beste. Sigmund Freud ist ein großer Psychologe, aber nicht das, was man einen guten Menschenkenner nennt. Bisweilen drängt sich der Eindruck auf, sein Handeln stehe selbst dann unter Zwang, wenn er Mut beweist. Doch auch das hat wieder ein anderes Gesicht: Er macht aus seinen Zwängen Stützen für die Lebensführung, so wie er sie braucht und haben will. Der Tagesablauf, die Arbeit und auch die Erholung gehen nach einem festen Schema vor sich; das ist ein systematisierter Wechsel, selbst beim Schreiben arbeitet er jeweils an zwei Manuskripten an zwei Tischen.

Freud ist ein Workaholic. Mit Arbeit von früh morgens bis spät in die Nacht bewältigt er seine Unrast, seine Besessenheit, die er um seine Psychologie zentriert – das bringt zugleich Geld für die große Familie und für die psychoanalytische »Bewegung«. Das kann er allerdings auch wieder stoppen, von früh an durch Sammeln und Ferienmachen. Mit seinen Antiken brachte er eine der größten Privatsammlungen von England zustande; er hätte das Britische Museum leergekauft, wenn das gegangen wäre, meinte Anna Freud. Er mußte immer sammeln: Briefmarken, Notizzettel, Pilze, Bücher, Plastiken, Anhänger für seine Lehre. Sein Arbeiten stoppt er zudem durch drei Monate Ferien im Jahr; da lebt er wirklich auf einem zweiten Schauplatz seines Lebens – er wandert, reist, er lädt sich Gesellschafter ein, und er bereitet das Schreiben neuer Werke vor. Sigmund Freud reist gerne, allerdings mit Reisefieber und mit Hemmungen gegenüber bestimmten Zielen wie Rom oder Athen.

Wenn das Tages- und Jahres-Schema nicht so recht funktioniert, wird er unruhig. Er schreibt dann seine Unruhe weg in einem regen Briefwechsel, und er weiß auch darum: Er muß sich mitteilen, er muß sich vorzeigen, muß seine Gedanken einem anderen darstellen, für sich werben. Zehntausend Briefe. An die Braut schreibt er eintausendfünfhundert in vier Jahren; bei einem seiner Freunde, Sandor Ferenczi, bringt er es auf fast so viele in sechsundzwanzig Jahren. Selbst die Anfänge seiner Psychologie stellt er in Heften und Briefen dar – im Briefwechsel mit Wilhelm Fließ zwischen 1887 und 1904. Egal von welcher Seite wir uns ein Bild von Sigmund Freud zu machen suchen, immer sind es solche Wechselverhältnisse, die in den Blick kommen. Sie sind es, die ihn beängstigen, doch sie sind es auch, die sein Schaffen beflügeln. Es ist einmalig in der Geschichte der Psychologie, wie sehr ein Mensch, der an einer Psychologie arbeitet, das eigene Werden und Erleben mitsprechen läßt – und zwar ausdrücklich und mit Methode. Und auch das gibt es nicht oft: Ein ungewohntes Bild vom Seelischen festhalten und es dennoch immer wieder umbilden können – was Sigmund Freud zunächst als eine gerade Lösung erschien, bringt er durch Selbstkritik wieder ins Schwanken. Immer wieder empört er sich gegen die eigene Utopie eines Systems, aus dem sich der Alltag des Seelischen und seine Verkehrungen ableiten lassen.

Die Entwicklung der »Freudschen« Psychologie, über fast fünfzig Jahre hinweg, vollzieht sich in einem Umsatz verschiedenartiger Gestaltungsprozesse – in Spekulieren, Experimentieren, in der Einschränkung des Spekulierens durch den Zwang zu beschreiben, zu zergliedern, zu »mikroskopieren«. Die Analyse von Einzelfällen wechselt ab mit dem Schreiben von Büchern, in denen er seine Forschungen im ganzen darstellt; die bisweilen sture Konsequenz, mit der er sein System darstellt, mit dem Herumprobieren, ob es noch andere Lösungen gebe. Das ist ein Modellierungsprozeß, wie bei Malern oder Schriftstellern, als würde etwas gebannt, wieder freigesetzt, mühsam erarbeitet, eingesperrt und in verschiedenen Wendungen wieder in Bewegung gebracht.

In der ganzen Lebensgeschichte von Sigmund Freud fällt dieser Wechsel auf. Sein Umgang mit der Wirklichkeit ist dadurch geprägt, daß er sich in solchen Verhältnissen vorfindet und daß er versucht, in ihnen und aus ihnen zu leben – sich darin einzurichten, sich diese Verhältnisse anzueignen, von ihnen zu zehren, sie auszumalen. Er leidet darunter, und er macht etwas aus diesen Konstellationen; er dreht sie, er trägt sie aus, er erfährt sich in deren Konsequenzen, in ihren Gegenbewegungen, in ihren Chancen und Begrenzungen.

In diesen sich wandelnden Situationen bilden sich die Formen der Lebensgestaltung Freuds aus, und von da her versteht er auch, was Produktion, Zusammenhang, Zustandekommen und Genese ist. Er wird zu einem Menschen, der alles aus dem Wechsel herausholt und der den Wechsel mehr und mehr meistern kann, im Leben wie im Werk. Indem er in seinem Werk die Drehungen und Wendungen dieses Grundverhältnisses der Wirklichkeit nach allen Seiten expliziert, wird er zum genialen Psychologen.

Denn bei seinen Gestaltungen und Umbildungen entdeckt er das seelische »Band« zwischen der Sehnsucht nach seligen Zuständen und Töten, Schuld, Opfer, Arbeit. In seinen Produktionen verfolgt er den Zusammenhang zwischen dem Entsetzen bei Verlust oder Tod und produktiven

Wiederauferstehungen, wenn der eine Zustand wieder seinem Gegenspieler weichen muß. Er verfolgt die Angst, die bei den Umschwüngen aufkommt, und die Verwandlungen, in denen wir die Angst zu behandeln suchen.

Auf diesem Boden produziert Freud ein viele Bände umfassendes Werk – ein Ganzes mit mannigfachen Wendungen. Bei ihm kann man wirklich davon sprechen, daß sich Leben und Werk gegenseitig vorantreiben zu einer Seelenrevolution. In diesem Entwicklungsgang ergänzt sich die »mühselige« Arbeit eines Zergliederers und Mikroskopierers mit dem kunstanalogen Schaffen eines »Sehers«, der von einem Systemzwang besessen ist. Freud wird hin- und hergerissen zwischen einem vereinfachenden Dualismus und einem »metapsychologischen« Manierismus, dem »Wirrwarr«, in dem er so gern verweilt. Er spekuliert so gern, und er zwingt sich mit Gewalt vom Spekulieren ab zu einem »Empirismus«, der sich gegen alles abstrakte Philosophieren wendet.

Dementsprechend sieht sich Freud in der Nachfolge von Ludwig Feuerbach: Im Leben geht es um banale, sinnlich-irdische Inhalte. Alles hat zu tun mit den Implikationen von Liebe und Haß, von Hunger und Tod. Was hier an seelischen Bedeutungen gegeneinander stößt, produziert »endopsychische Mythologien«, das sind Gestalten, in denen wir Verfehlen, Schuld, Hoffnungen zu einem Bild verdichten, das allen Einzelheiten einen Platz in einem Sinnzusammenhang anweist.

Sigmund Freud selbst hat sein Leben unter die Maxime gestellt, er wolle etwas werden und leisten, das ein »Denkmal« verdiene – wie Hannibal, Kopernikus, Darwin oder Moses –, egal wie lange Zeit das braucht. Er reguliert die wechselnden Verhältnisse zur Wirklichkeit und zu seinen Mitmenschen, indem er sich auf eine Legendenbildung einläßt. Immerhin kann er sich dabei auf das Bewußtsein stützen, mit einem Seele und Kultur umfassenden Werk unser psychologisches Wissen in einem kurzen Zeitraum völlig verändert zu haben. Hier gerät Freud, ob er will oder nicht, in Konkurrenz zu dem zwölf Jahre älteren Friedrich Nietzsche.

Genealogisches

Wir bleiben an den Phänomenen, wenn wir das Lebens-Bild von Sigmund Freud zunächst einmal mit dem Wechsel verbinden, in dem er sich findet und den er bewegt, den er sich aneignet, den er abwehrt oder ausgestaltet. Das ist aber noch nicht genug; wie sein Leben sich entwickelt, erfahren wir erst, wenn wir sehen, was er leiden und was er nicht leiden kann – und warum nicht –, wozu er sich anstrengt, wann er in Wut gerät, wann er sich dem Wechsel anheim gibt und wo er sich dagegen wehrt. Wo steht er unter Zwang, wann kann er über seinen Schatten springen, was läßt er zu, womit kommt er nicht zu Rande?

Freud selbst hat die Psychologen gelehrt, so zu fragen. Was kommt in den Phänomenen zum Ausdruck? Was ist darin am Werk? Welcher Wirkungszusammenhang findet in bestimmten Taten und Leiden eines Menschen sein Symbol? Erst von hier aus wird verständlich, wie das Bild, das Leben und Verhalten Freuds durchformt, sich am Leben erhält, sich dreht, sich in Metamorphosen entwickelt.

Das Leben eines Menschen gestaltet sich so, als bilde es die Wandlungen eines Mythos oder Märchens aus, ohne daß ihm das bewußt wird. Dadurch nimmt er sein Schicksal in dieser Wirklichkeit – das sagt ihm, was die Vielfalt der Wirklichkeit für ihn bedeutet –, was er zu erwarten hat, was seine Aufgaben sind, was er erreichen kann, was er zu verhindern sucht. Wie sieht es bei Freud aus?

Sigismund Sholom Freud wurde am 6. Mai 1856 in Freiberg geboren. Der Ort lag im tschechischen Gebiet des Vielvölkerstaates Österreich-Ungarn; Freud lebte über die Hälfte seines Lebens unter der Herrschaft des Kaisers Franz Josef. Seine Familie zählte sich ausdrücklich zur deutschen Bevölkerung dieses Staates, die sich von den anderen Völkern, auch den Ostjuden, abhob. Ihre Religion war jüdisch-orthodox, der kleine Junge wurde beschnitten. Der Vater, Jakob Freud, war Wollhändler, ohne viel geschäftlichen Erfolg. Als der Junge ein Dr. Sigmund Freud geworden war, entdeckte er, daß er seinen Vater verehren, aber auch beseitigen wollte, und daß er seine Mutter begehrte – vielleicht war das auch noch komplizierter. Er entdeckte ferner, daß er schon früh die Liebe eines Freundes suchte, und zugleich konnte er ihn als kindlichen Rivalen nicht leiden.

Das war aber nichts besonderes für diesen Jungen. Als Freud um die vierzig herum Psychologie zum Beruf machte, fand er heraus, daß so etwas bei allen Jungen der Fall war, auch wenn sie davon nichts mehr wußten, es sogar energisch von sich wiesen, sobald sie herangewachsen waren.

Freuds Vater war vierzig, als er zum zweiten Mal (oder dritten Mal) heiratete; seine junge Frau Amalie war zwanzig Jahre jünger als er. Jakob Freud hatte bereits erwachsene Söhne, im Alter von Sigismunds Mutter, mit der er sich 1855 vermählte. Generationsprobleme, Geburten, Sexuelles, Krankheit und Tod spielen sich auf engem Raum ab.

Das brachte für den Jungen, als er heranwuchs, einige Verwirrungen mit sich; vor allem, als neue Geschwister dazukamen. So ein Start ins Leben war allerdings in der jüdischen Lebensform wie auch in der damaligen Kultur des Habsburger Reiches nicht selten. Daraus ist weder der Wechsel noch die »Freudsche« Psychologie abzuleiten. Natürlich bietet die jüdische Lebensform der Unruhe und dem Interesse eines Kindes, das heranwächst, in vielfältiger Weise eine Gestalt an – in Formen des Umgangs mit zu Erratendem und zu Erdeutendem, in der Art und Weise des Hinhörens und des Witze-Machens. Nicht zuletzt in der Haltung, die mit Feinden rechnet, deren Gewalt man mit Geschick und Trotz begegnen muß. Freud begeisterte sich in seiner Jugend für das Deutsch-Nationale; als er sich angegriffen und ausgegrenzt fühlte, griff er auf sein Bild vom Judentum zurück.

Auch die Habsburger-Kultur am Ende des 19. Jahrhunderts bot dem Heranwachsenden gleichsam die eine Hälfte einer Erlebnisdramatik an, die er dann durch seine eigene andere Hälfte ergänzen konnte. Das war aber wiederum bei vielen der Fall, die in dieser Kultur etwas werden wollten. Es war allerdings eine Kultur, deren Lebens-Bild zu bröckeln begonnen hatte; eine Kultur mit sentimentaler Abschiedsstimmung, mit Selbstzweifeln – und doch noch mit Hoffnungen einer »Wissenschaft« auf Fortschritt, mit Hoffnungen der Jugend auf Reformen oder Revolutionen. Gegenüber dem Viktorianischen und Wilhelminischen wirkte das Leben in Wien weniger streng, und die moderne Aufklärung stand hier in der Tradition des Josephinismus.

Als Freud mit vier Jahren nach Wien kam, gab es da viel Bevormundung, viel Bürokratie, viel Hierarchie; doch es war nicht ausgeschlossen, durch Arbeit und Sich-Einfügen in dieser Welt aufzusteigen. In Wien begannen sich die Auffassungen von Darwin und Nietzsche auszubreiten, und sie begannen die erstarrte Monarchie und ihren Gott, »der sie erhalten« sollte, zu beunruhigen. Bis zum Ersten Weltkrieg konnte sich das alte System jedoch erhalten. Die Wissenschaftler in Wien, die den Studenten Sigmund Freud, wie er sich mit achtzehn nannte, beeinflußten, hielten sich für Positivisten und enthielten sich, wie sie meinten, aller metaphysischen Spekulation. Sie verschworen sich, festzuhalten an einem »Wir werden es nicht wissen«, sobald die Erklärungen über die Physik und die Physiologie hinaus zu gehen drohten.

Was die Sexualität anging, so wurde auch in Wien und auch bei den Wissenschaftlern öffentlich eine Menge geheuchelt. »Unanständige« Wörter oder Gespräche über das Thema waren verpönt; allenfalls die Dichter konnten sich hier einiges erlauben. Ansonsten lief das sexuelle Leben so weiter wie in allen Zeiten und Kulturen. Daß Sexualität eine Macht war, das wußten auch die Menschen am Ende des 19. Jahrhunderts. Das zu sagen, brauchte es keinen Doktor Freud – und das zu betonen, hatte er auch gar nicht im Sinn, als er von seiner Analyse der »hochzusammengesetzten« Sexualität und ihrer infantilen Psycho-Logie sprach.

Die Beschreibung der Wechselverhältnisse in Freuds Leben und die Suche nach dem besonderen Bild, das in ihnen seinen Ausdruck finden kann, schärft den Blick für das, was beim Erzählen der Kindheits- und Lebensgeschichte Freuds besonderes Interesse verdient. Dazu müssen wir aber noch mehr erfahren; die äußeren Umstände, unter denen er aufwuchs, sagen nicht genug. Auch eine Schilderung der mitwirkenden Personen sagt zu wenig über sein Lebens-Drama im ganzen.

Verlorene und wiedergefundene Sehnsucht

Die Lebensgestalt eines Menschen ist Prozeß, Wandlung, Übergang, Hervorgehen von Zusammenhängen. Wie war die unfeste und fließende Vorgestalt der Wechselverhältnisse bei dem kleinen Sigismund beschaffen – mit ihren Sehnsüchten und Ängsten? Wie sahen seine Versuche aus, die dadurch aufgewühlte Unruhe wieder in eine Fassung, in ein »Band des Zusammenhangs« zu bringen – wie es später der Psychologe Freud immer wieder bei seinen Untersuchungen anstrebte.

Die junge Frau des alten Jakob Freud nannte den Erstgeborenen ihren kleinen Mohren. Das wirkt mütterlich-rührend; das war es auch, aber es war nicht alles. Denn wahrscheinlich war der Junge eines der Kinder, die von ihren Müttern als anstrengend, unruhig, aussaugend erlebt werden. Es fiel dem Kleinen schwer, auszuhalten, daß er aus einem seligen Zustand immer wieder herausgeworfen wurde in Unruhe, Verlassensein, Fassungslosigkeit, und das verwandelte sich wieder, ohne daß sich ein Maß dafür einstellte, in den schönen Zustand, der ihm Halt, Fassung, Liebesbindung garantierte.

Seine Mutter hatte nicht nur ihn im Kopf; sie mußte in diesem Familiendurcheinander, in einer neuen Familie mit gleichaltrigen Stiefsöhnen, auf ihre eigenen Interessen bedacht sein. Das verfolgte sie auch ihr Leben lang mit natürlichem Egoismus; der berühmte Professor Freud, ihr Sohn, mußte sonntags bei ihr erscheinen, und diese Hofhaltung verursachte ihm regelmäßig Verdauungsbeschwerden.

Die Mutter war nicht immer da für ihren Sigismund. Mal hatte sie es mit ihm, mal war sie weg, anders gelaunt, oder weil sie frei sei wollte von seinen Umklammerungen. Sie brauchte ihre Rückzüge auch, weil sie eine kranke Lunge hatte, in Kur mußte, und Jakob machte ihr ein Kind nach dem anderen; Sigismund hatte sieben Geschwister.

Für den Kleinen waren das erschütternde Wechselverhältnisse. Die Einheit mit der Mutter war unverfügbar, und das wirkte so, als liefen seine sehnsüchtigen Regungen ins Leere. Was das eine Mal Ruhe und Lust gab, war ein anderes Mal fremd, wie tot, abwesend. Trotz übererregten Abstrampelns erfuhr er Nicht-Können, Unfaßbares, Zerstörendes. Es waren zwei Zustände, in einem von Angst begleiteten Wechsel: Ein Bemuttertwerden, wo es in Ordnung war, und ein unangenehmer, fremder und zerstörerischer Zustand, in dem Angst, Wut, Übererregung, Destruktion aufbrachen.

Zwischen den wechselnden Zuständen gab es Versuche, diese mißliche Lage zu behandeln und zu bewältigen; der Umschwung der Zustände war die eine Seite, das Tätigwerden die andere. Sigismund produzierte die Erwartung, der Liebeszustand mit der Mutter sei nur »eingekastelt« (eingesperrt), nur scheintot, und das Un-Tote stehe schon wieder auf, wenn er etwas dazu beitrage. Als ließe sich die selige Einheit herbeizaubern oder mit dem richtigen Faden zurückspulen – so etwas beschrieb der Sechzigjährige später am Verhalten seines Enkels Ernst.

Die Angst vor dem Wechsel ließ sich auch behandeln, indem das weggewünscht und totgewünscht wurde, was so unstet, enttäuschend, lügnerisch und verräterisch war. Das wirkte wie ein eigener Verrat und brachte dann wieder neue Angst und Schuldgefühle mit sich. Nach einiger Zeit merkte der Junge schließlich, daß sich die Unruhe und das Verlassensein auch noch anders in eine Fassung bringen ließ: Durch eigene »Arbeiten« und Tätigkeiten, mit denen er selbst das eine Mal mehr Stabilität, das andere Mal irgendwelche Wandlungen erreichte.

Das alles hört sich fast wie Überlegungen an; doch das sind keine Überlegungen, sondern unbewußte Selbstbehandlungsprozesse eines sich mehr und mehr organisierenden Seelenlebens. Ein anderes Bild vom Seelischen kommt hier auf – davon wissen wir heute, weil sich dieser kleine Junge nach einer langen Suche der Psychologie zugewandt hat. Und es dauerte dann noch einmal zwanzig Jahre, ehe er Geburt und Tod, Weibliches und Unfaßbares in sein System brachte.

Für die Tätigkeitsmuster, mit denen sich seine Lage wandeln und anders ordnen ließ, bot sich glücklicherweise dem kleinen Sigismund ein Erprobungsfeld an in Gestalt seiner tschechischen Kinderfrau. Er lernt mit den Wechselbädern umzugehen, indem er sich mit der alten, häßlichen Frau zusammentut. Sie nimmt ihn mit in die katholische Kirche und erzählt ihm die Dramatik vom lieben Gott und der finsteren Hölle, mit der die Kirche unsere widersprüchlichen Seelenregungen zu ordnen sucht. Dieser Gott konnte zaubern, mit eigener Kraft etwas herstellen, alles in etwas anderes verwandeln.

Dem Jungen gibt das Anhalt für ein erstes Gestaltungsmuster, angesichts der (dualistischen) Aufteilung der Wirklichkeit. In der Erzählung von der Wiederauferstehung kann er eigene Wünsche von Tod und Leben fassen; in den Wundern kindliche Hoffnungen auf Verwandlung. Zum Erstaunen seiner Familie spielt Sigismund mit dem lieben Gott und den katholischen Ritualen; in diesen Formen bringt er etwas zustande – er ist dem Wechselspiel nicht mehr völlig ausgeliefert. Für diesen Zusammenhang tut er auch etwas, wenn er der Alten sein Taschengeld abgibt oder für sie stiehlt. Da ist also etwas, das aus passiv Erlittenem aktives Tun macht; Beunruhigendes, Störendes, Unfaßbares läßt sich umwandeln in eine Sache, die Sinn bringt.

Der Junge ist erschüttert, als auch die Alte eines Tages genauso weg ist, wie seine Mutter es bisweilen war. Sein großer Stiefbruder Philipp hat sie wegen Diebstahls »einkasteln« lassen. Sigismund ist durch diese Wiederholung erschüttert, aber er hat auch erfahren, daß Einheit und Zusammenhang wieder auferstehen können, daß Jungen wie er irgend etwas dazu beitragen können. So bleibt er der Kinderfrau sein Leben lang dankbar, weil sie ihm die »Mittel zum Leben und Weiterleben« gab (Brief an Wilhelm Fließ vom 3. Oktober 1897).

Unerwartet bringt eine Krise Bewegung in die Familie, eine Krise der Industrie und ein Krise der Familie selbst, die damit zusammenhängt, daß der Bruder des Vaters eines kriminellen Devisenvergehens verdächtigt wird. Die

Söhne aus erster Ehe gehen nach England. Auf seine Notlage dabei macht der kleine Junge durch Bettnässen aufmerksam.

Für den Jungen hat »die Krise« allerdings auch noch eine andere Seite. Die Familie schätzt seine Tätigkeiten als »intelligent« ein und erhofft sich von ihm einen sozialen Wiederaufstieg. Der Vater kümmert sich um ihn und unternimmt mit ihm kleine Wanderungen in die freie Natur; dadurch wird die Natur für ihn zu einem Sehnsuchtsort, an den er in Wien denkt, den er später auf seinen Wanderungen wiederfinden will. Mit der Familie verläßt der Junge schließlich den Ort seiner frühen Kindheit. Die Familie geht für kurze Zeit nach Leipzig, dann 1860 mit dem vierjährigen Sigismund und zwei Schwestern – ein Bruder ist gestorben – nach Wien; eine dritte Schwester ist unterwegs. Der vierzigjährige Dr. Freud erinnert sich, er habe auf der Fahrt von Leipzig nach Wien seine Mutter nackt gesehen, und dabei sei seine »Libido contra matrem« erwacht. Liebe und Haß sondern sich voneinander – Sigmund Freud spricht später nur noch verehrungsvoll von der Einheit der Mutter mit ihrem Erstgeborenen.

Für das Lebensbild Freuds stellt die frühe Lebensgeschichte eine Konstellation heraus, die als Vorentwurf für die späteren Wandlungen wirkt. Da sind zunächst einmal Wechselverhältnisse als Kommen und Gehen, als Wiederkehr – als Bewegung zwischen zwei Orten oder Bühnen. Dabei breiten sich selige Zustände aus, und sie verschwinden wieder – sie lösen sich auf in Angst, Wut, Unruhe. Böse Wünsche kommen auf, ambivalente Wünsche. Doch es werden auch schon Tätigkeitsmuster erfahren, die Zustände verändern oder verwandeln können. Solche Muster sind in der Lage, Zusammenhang aufzufinden, auch in dem, was zunächst fremd und feindlich scheint.

Mit Eigenschaften, mit Personen, Genen, Umwelten oder Motiven als Ursachen und Täter läßt sich nicht genug anfangen, wenn man eine Lebensgeschichte verstehen will. Die Konstellation eines Wirkungsraums sagt schon mehr darüber aus, was seelisch ins Spiel kommt: Angebote, Aufgaben, Bewegungen und Gegenbewegungen, Konflikte, Maß-Verhältnisse, Sich-Ergänzendes und Unpassendes, Chancen und Begrenzungen. Vor hundert Jahren hat die Psychologie begonnen, seelische Zusammenhänge von solchen Kategorien her zu verstehen; aber dieser Ansatz ist immer wieder in Erklärungen durch Bewußtsein, Gefühl, Willen, Reiz-Reaktion versandet.

Der neue Ansatz geht immer wieder verloren, weil die Menschen offenbar Erklärungen erwarten nach dem Schema von Ursache und Wirkung, Täter und Opfer. Wenn wir demgegenüber von einer Konstellation oder Grundverhältnissen ausgehen, verzichten wir darauf, alles von einer Ursache her determiniert zu sehen. Erst in den vielfältigen Wandlungen der ganzen Konstellation bildet sich ein Lebensschicksal aus. Daß wir hier einen frühen Wirkungsraum für die Lebensentwicklung, einen »einfachen Bauplan«, aufdecken müssen, war eine wichtige Einsicht von Sigmund Freud, als er begann, den »Überdeterminationen« des Seelischen nachzugehen.

Die Analyse der Grundverhältnisse, die sich zu Beginn einer Lebensentwicklung konstelliert haben, erleichtert es auch, dem Gedanken näherzukommen, daß jeder Mensch versucht, einen bestimmten Mythos zu leben. Die Konstellation der Verhältnisse, mit der Freud sein Leben beginnt, hat einen ähnlichen Bauplan wie die Märchen, in denen sich Seelisches als »Zwilling« darstellt. Auch hier werden Wechselverhältnisse charakterisiert durch Zusammensein und durch Zerstörung des Zusammenseins, durch Abwesenheit und Wiederkehr, durch Leben und Tod. Im Umgang mit diesen beiden Zuständen können sich die Zwillinge das eine Mal mehr ergänzen, als eine Einheit bestärken, ein anderes Mal wirken sie mehr gegeneinander, indem sie anders oder sogar todbringend werden (Doppelgänger).

Die Märchen sind offen für verschiedene Entwicklungen; darüber sagen die mythischen Geschichten etwas aus. Für Freud organisiert sich das »Zwillingshafte« so, daß Umschwünge und Doppelheiten des Seelischen ihn auf verschiedenen Ebenen zu Wiederholungen und auch zu neuen Auferstehungen führen. Er schöpft den Wechsel aus, und er meistert ihn, indem er immer wieder neu an die Arbeit geht, auf ein erlösendes System zu – dann aber setzt er sich dem Einfall des Unbearbeiteten und Unfaßbaren aus und gestaltet sein Werk um. In jeder Umgestaltung lebt Freuds Traum, das Rätsel der seelischen Sphinx zu lösen, neu auf.

Das Wiederauferstehen ist keine »innere« Angelegenheit. Es ist nicht zu trennen von seinem Lebensinhalt, um den er über vierzig Jahre alles zentriert: eine neue Sicht der Welt, die aus den dunklen und unbewußten Strömungen des Seelischen aufsteigt. Mehr noch, Freuds Leben und Werk breitet sich in seinen Wirkungen auf die Menschen seiner Zeit aus und wandelt sich auch, indem sie es wiederbeleben .

Seit Freud denkt man anders über die Menschen, anders über die Beweggründe der Kulturbildung, anders über die Psychohistorie des »Geistes« und der » Mythen« von Kulturepochen. Das hatte seinen Drehpunkt in der Analyse einer

»hochzusammengesetzten« Sexualität – unsere höchsten Güter sind Umbildungen urtümlicher Geschäfte, unsere Tugenden erwachsen aus unseren Untugenden.

Arbeit als Behandlung

Sigmund Freud sprach sein Leben lang von mühevoller »Arbeit«. Leben ohne Arbeit konnte er sich nicht vorstellen. Schon früh spürt er, daß in der Arbeit eine Chance liegt: Aus der Unruhe wieder zu einem besseren, seligen Zustand zu kommen. Hier ist er mit seiner Familie im Einklang. Er verkörpert den Wunsch der Familie nach sozialem Aufstieg, besonders nach der »Krise«. Das gescheite Kind wird zum Primus seiner Klasse erzogen – es wird Stellvertreter eines weichen Vaters, der es nicht geschafft hat.

In einer Zeit, in der er sich der Mutter wieder einmal zuwendet, nun »libidinös«, erlebt er den Vater zwar als hilfreich, aber auch als ersetzbar. Bei seiner Selbstanalyse später legt er diese Ambivalenz von Liebes- und Todeswünschen dem Vater gegenüber offen; bei der Mutter tut er das nicht.

Die Eltern sammeln Weissagungen über das gute Schicksal ihres Hoffnungskindes: Er werde General, Minister, Politiker, Jurist. Diese Prophezeiungen brauchen sie auch; denn üppig geht es bei ihnen nicht zu. Nur für ihren Sigismund gibt es in der engen Wohnung ein genauso enges Kämmerchen. Der Junge erlebt die Hoffnungen, aber auch die Nöte der Familie mit. Durch seine Leistung ist er in das Ganze eingebunden.

Daher trifft es ihn tief, als sein Vater zu ihm sagt: Aus dir wird nichts werden. Dieser Schuldspruch des Vaters ließ den Jungen verspüren, wie schnell utopische Hoffnungen wieder ins Leere und in Zerstörung abstürzen können. Der Vater hatte den Siebenjährigen beim »Urinieren« im Schlafzimmer der Eltern erwischt. Oder war es Masturbieren, das Freud als die »Ursucht« erschien, die auch in seinem Rauchen weiterlebte.

Dem Primus gibt es Halt, die Hoffnung der Familie zu sein; aber es setzt auch ein Maß, und es unterwirft ihn einem Zwang. Dafür entschädigt er sich, indem er im Namen des Aufstiegs Forderungen stellt. Das Klavierspiel der Schwester stört ihn bei seiner Arbeit – das Klavier kommt aus dem Haus. Sein zweiter Bruder erhält, dem Vorschlag des erfolgreichen Schülers gemäß, den klassischen Namen Alexander. Der junge Freud deckt sich mit klassischen Vorbildern ein; in seiner Lektüre und seinen Tagträumen spielen Hannibal, Napoleon, Cromwell eine Rolle, Helden, die fremde und überholte Herrschaft stürzen wollten. Doch er bleibt nicht in Tagträumen stecken. Ehrgeizig und wißbegierig produziert er ein »sehr gutes« Können, das dem Maß der europäischen Kultur – ihrer Gebildeten – entspricht. Aus dem Wechsel, der beängstigte, werden die Phasen eines Fortschreitens, mit dem er sich den Auserwählten annähert.

Das geht bei ihm über Einordnung und Anpassung an die Kultur hinaus. Die Vorbilder, die sich für ihn beleben, heben sich vom Mittelmäßigen und Gemeinen ab. Und früh beginnt Freud mit den Freunden, mit den »Besten«, die ihn beeindrucken oder die er zu beeinflussen sucht, Briefe zu wechseln. In den Briefen kann er ein anderes Leben, das ihn bedrängt und das von der Schule nicht zur Sprache gebracht wird, behandeln. Er spekuliert über seine Existenzberechtigung; er versucht, seine Produktionen so anziehend zu machen, daß sie auch seine Freunde packen können. Er übt sich ein, Vorgänge zu beschreiben und erzählbar zu machen; mal hält er die »Besten« auf Distanz, mal wirbt er um Annäherung.

Der gute Schüler erfüllt die Leistungsnorm, aber er ergänzt sie mit eigenwilligen manieristischen Auftritten. Dazu scheinen ihm Cervantes und sein Don Quichote noch angemessener zu sein als seine Helden-Täter. Sigismund lernt dem Don Quichote zuliebe Spanisch und spinnt mit seinem Freund Silberstein den Dialog der zwei Cervantesschen Hunde weiter, als Geheimcode natürlich. Freud war Cipio, »perro en el Hospital de Sevilla«; Silberstein war Berganza. Beide bildeten die absonderliche Vereinigung einer Academia Castellana, und sie teilten »frugale Nachtmähler« miteinander.

An das weibliche Geschlecht wagt sich der Verehrer des Cervantes nicht nahe heran, als sei da eine leicht verletzbare, weiche Stelle, an der ein Mann zu überwältigenden Zuständen verführt werden könne, die er nicht mehr in der Hand hat. Die Leistung der Arbeit hilft dagegen mit, die Verlockungen und Gefahren der Leidenschaft, der Spekulation, utopischer Tagträume zu behandeln.

Der Aufsteiger akzeptiert die Bedingungen der europäischen Kultur. Das zahlt sich aus in seinem Schulerfolg und in seinem Freundeskreis. Mit ihren Lehrern und Professoren schwenken sie auf eine »deutschnationale« Linie ein. Der Bildungsweg der Habsburger Kultur verspricht der Angst und Unruhe des jungen Freud eine stabile Verfassung und Anerkennung für seine Arbeitsleistung. Doch nach dem Abitur wird der »Erste« wieder unruhig, er weiß nicht, was er werden soll – er weiß nur, daß er etwas Besonderes werden will. Das ist sein Anspruch, für den er bereit ist, weiter zu arbeiten, Opfer zu bringen, ordentlich und konsequent zu sein. Er hält sich bereit für seine besondere Berufung, und wenn es zwanzig Jahre dauern sollte. Und das ist ihm auch so passiert.

Es ist sehr bezeichnend für die Haltung von Sigmund Freud, wie lange er den Anlauf auf ein Ziel, das er nicht kennt, durchhält. Erst mit vierzig weiß er, daß die »reine« Psychologie der Tyrann seiner Besessenheit und seiner Arbeit wird.

Bereit sein ist alles, hätte er sagen können – bereit zu sein, in einen Zusammenhang einzudringen, der dem Widersprüchlichen und Wechselhaften des Lebens einen Sinn gibt, und schon in den Seltsamkeiten des Don Quichote schien ihm ein tieferer Sinn zu liegen. Ein solcher Sinn schien sich ihm auch anzubieten, als er sich nach einigem Zögern entschloß, Medizin zu studieren. Freud hatte in einem Vortrag von einer seltsamen und paradoxen Einheit der »Natur« gehört, von einem Bild der Natur, das Goethe zugeschrieben wurde. Der Vortrag packte ihn so, daß er Naturforscher werden wollte, und Medizin schien ihm dazu der geeignete Weg zu sein.

Wie Goethe die Mutter Natur schildert, hat nicht viel zu tun mit der vom ihm gehaßten exakten Zähl- und Meß-Wissenschaft. Diese Mutter nimmt ihre Kinder hinein in den Tanz von Leben und Tod; sie steigert ihr Leben, und sie läßt sie fallen. Goethes Bild der Natur ist manieristisch, »humoristisch«, eine Aufforderung zum Erforschen des Unerforschlichen. Mit einer solchen Auffassung von Natur hatten aber die Lehrer, die Freud an der Universität antraf, nicht viel im Sinn.

Einige Professoren hatten sich direkt verschworen, die Grenzen »positiven« Wissens einzuhalten und jede metaphysische Spekulation beiseite zu lassen. Freud hielt sich damals an diese Auffassungen seiner neuen Heroen, und für den Studenten wandelten sich die Schlachtfelder Hannibals in das Schlachtfeld der positivistischen, naturwissenschaftlichen Medizin – und da mußte man sich eben den Regeln der Wissenschaft unterwerfen. Mit seinem Glauben an eine göttliche Weltordnung war es endgültig vorbei. Die Professoren schätzen diesen Studenten, weil er intellektuell beweglich und gelehrig ist. Sie beschäftigen ihn mit der Untersuchung von Aalhoden und mit dem Mikroskopieren von Nervenverbindungen. Sein Lieblingsphilosoph wird Ludwig Feuerbach, der auf den ersten Blick der Eingrenzung von »Naturwissenschaft« nicht in die Quere kommt.

Genauer besehen, hat Feuerbach aber vor allem das Seelische zu seinem Thema gemacht. Weil das Seelische ein Bild von sich selbst zu entwerfen sucht, fabriziert es das »Über-Natürliche«. In Gott spiegelt sich der Mensch, in vergrößertem Maßstab, ohne seine Störungen und Begrenzungen. Unsere höchsten Werte entstehen aus den Umbildungen des sinnlich-natürlichen Alltags.

Sigmund Freud ist arm, er braucht Stipendien, er macht Schulden. Aber er nimmt sich Zeit für das Studium, er braucht länger bis zum Abschluß als andere Mediziner, und er müht sich auch nach seiner Promotion, mit Forschungsarbeiten an der Universität über Wasser zu bleiben. Arbeit ist offenbar mehr als eine lineare Aufeinanderfolge von Mitteln, die wir einsetzen, um ein Ziel zu erreichen. Freuds Arbeit ist Behandlung, in der Behandlung der Wirklichkeit eine Behandlung seiner selbst. Sie bewegt sich auf dem Weg zu einem utopischen Zustand, in dem alles besser zueinander paßt, als es bei unseren Kenntnissen bisher der Fall ist. Sie hält in einer Art Dramatik zusammen, was in den Wechselverhältnissen des Lebens gegeneinander geht. Damit organisiert sich sein Leben durch ein Auf und Ab von Weiterkommen und Zurückfallen, durch das Hoch und Tief von Bestätigung und Verfehlen.

Freud dramatisiert seine seelische Lage zwischen der Arbeit auf ein unbekanntes Ziel hin und seinen Ängsten, Wünschen und Sehnsüchten nach Liebe, Genuß, Reichtum. Einmal beschuldigt er sich, dann beschuldigt er die anderen; er demonstriert »stählernen« Willen und klagt über seine Faulheit, seine Lebensumstände und die Zustände an der Universität. Aber er macht zäh und entschlossen weiter; nicht liegen bleiben, sondern immer wieder auf die Füße kommen. Das wird um so wichtiger, weil er merkt, daß er mit seiner mühsam erarbeiteten Vernunft und seinem Willen durchaus nicht alles bestimmen kann. Immer wieder packt ihn die Angst, die Verstimmung, die Wut, und das läßt sich nicht einfach beherrschen. Seine Spekulation ließ sich nicht einschränken, so sehr er es auch immer wieder versuchte; selbst die Absicht, Arzt zu werden, weicht erheblich von seiner Neigung zum Arztberuf ab. Er habe kein Bedürfnis verspürt, leidenden Menschen zu helfen, und auch seine sadistische Veranlagung sei nicht groß genug gewesen, um sich in ihren medizinischen Abkömmlingen befriedigen zu können, meinte Freud 1925. Alle Berufstätigkeit sei nur ein weiter Umweg gewesen, der wieder zu seiner ursprünglichen Neigung, dem Philosophieren, zurückgeführt habe.

Das heißt aber noch lange nicht, daß er sich von großen Worten beschwindeln und täuschen lassen will. Freud strebt die Utopie einer Einsicht in die großen Zusammenhänge des Lebens an, aber er empört sich gleichsam auch immer wieder gegen sich selbst und seine Überlegungen, weil er fürchtet, seinem Traum zuliebe die Wirklichkeit zurechtzustutzen. Daher hängt er auch als Psychologe bisweilen noch an Worten wie »Biologie« oder »exakte Wissenschaft« – das sind ihm Anhalte für Faßbares, Sinnliches, Irdisches, Gegenständliches, Tätiges.

Arbeit wird für Freud zu einem Getriebe, das eine Vielfalt von Tätigkeiten, Einstellungen, Zwängen und Maßnahmen organisiert. Im Arbeiten hat er ein Maß, sich und andere einzuschätzen – hinsichtlich Zuverlässigkeit, Ordentlichkeit, Anstrengungsbereitschaft, Pünktlichkeit, Konstanz. Dagegen: Wechselhaftes, Schwankendes, Haltloses, Genußsüchtiges kann er nicht leiden, weist er als fremd und zerstörerisch von sich ab. Seine Vorbilder geben dem Arbeiten eine, wenn auch zunächst unbestimmte Richtung: Etwas Besonderes soll dabei herauskommen.

Freud verbarg sich und seinen Brieffreunden allerdings auch nicht, daß er Neigungen bei sich entdeckte, diese Arbeitstugenden aufzuheben, zu faulenzen und sich mehr auf die Genüsse des unordentlichen Lebens einzustellen. Wozu diese Anstrengungen, fragt er sich bisweilen. Doch wenn er sich gehen läßt, schreibt er sich das als Schuld zu. Er zwingt sich immer wieder zur Arbeit, als müsse er dadurch eine Schuld abtragen.

Vorbilder und Spiegelbilder eines Liebenden

Acht Jahre nach dem Abitur, 1881, schloß Freud das Studium mit der Promotion ab. Er ist Doktor der Medizin, der nur wenig mit Kranken, mehr aber mit Zoologie, Physiologie, Neurologie, mit Mikroskop und chemischen Analysen zu tun hatte.

Ein Jahr später lernt der Sechsundzwanzigjährige seine künftige Frau kennen, Martha Bernais, 21 Jahre alt. Jetzt traut er sich etwas zu. Er verlobt sich sehr schnell und verläßt der Braut zuliebe seine Forschungen am Physiologischen Institut von Ernst Brücke. Denn die Verlobten haben kein Geld für eine Wohnung; Freud sucht sich eine Stelle als Assistenzarzt, damit er später eine Privatpraxis eröffnen kann. Seine Braut lebt in Hamburg; vier Jahre muß er warten, bis er mit ihr zusammen in Wien leben kann. Er schreibt ihr 1500 Briefe. Der liebebedürftige Doktor der Medizin wirbt heftig für seine neue Bindung – mit der Sicherheit seines Könnens, zumindest im Beruf. Als Mann bewegt er sich auf unbekannterem Gelände und verkleidet sich als Minnesänger, der seine »Hohe Herrin«, sein »süßes Lieb« umschwärmt (14. Juli 1882).

Bisher hatte der Junggeselle seine schmalen Einkünfte durch Stipendien, Darlehen und Geschenke begüterter Freunde anreichern können. Er hatte Ansprüche und konnte damit leben, Schulden zu machen. Mit seiner Verlobung riskierte Freud, sich an einen glücklichen Zustand zu binden, der sich nicht so bestimmen ließ wie sein Arbeitssystem.

Zugleich riskierte er es auch, sich auf ein Forschungsgebiet festzulegen, das ebenfalls mit glücklichen Zuständen zu tun hat: Er sucht durch Entdeckungen von Drogenwirkungen, bei Kokain, berühmt zu werden. Offenbar suchte er hier etwas zu erforschen, das unermüdliche Bewegungen des Intellekts und zugleich eine für alle Ängste friedliche Ruhe versprach – eine Stille, die aus mächtigen und gleichwertigen Widersprüchen zu fließen schien (de Quincey).

Im Interesse an solchen umfassenden Synthesen liegt der Grund, warum Freud nicht die viel eingeengtere Frage weiterverfolgte, ob Kokain für eine Lokalanästhesie zu verwenden sei. Daß er diesen eingeengten Blick nicht fand, setzte er der jungen Frau aufs Konto. Weil er sich zu sehr um sie kümmerte, habe er die Entdeckung verpaßt, daß Kokain eine Lokalanästhesie bewirken kann. Irgend etwas daran war schon richtig gesehen; aber ohne diesen Blick für vorbildhafte und umfassende Zustände wäre der Erforscher chemischer Wirkungen auch nicht bei der Psychologie gelandet. Als Psychologe spricht Sigmund Freud später von Vorbildern, wenn er grundlegende Muster des Seelischen charakterisieren will, von denen aus andere seelische Prozesse verständlich werden – der sich aus den Zwängen der Realität abhebende Wahn-Zustand ist ein solches Vorbild. Hier sind aus den Vorbildern seines Personenkults »gegenständliche« Vorbilder geworden, an denen sich das Leben zu orientieren sucht.

Der Prozeß der Brautwerbung zieht sich über vier Jahre hin; das ist eine Zeit, die für den Psychologen Freud wichtiger ist, als man zunächst meint. Er hielt konsequent an seinem Ziel fest, etwas Besonderes zu werden – trotz aller Verlockungen zu einem »Genuß« des Lebens. In Zustände, die er nicht in der Hand behielt, wollte er nicht geraten. Die

Literatur, die er eifrig las, war ein Weg, dennoch an ganz anderen Wirklichkeiten Anteil zu nehmen – Shakespeare, Cervantes, Goethe, Keller, Meyer, Zola, Mark Twain. In den Briefen an Martha fand vieles davon auch seinen Ausdruck.

Im Umgang mit seiner Braut tritt heraus, wie Sigmund Freud sich selbst sieht, was ihn ärgert, was er wünscht, wo er sentimental und weich wird; auch wo er dramatisiert, wozu er sich zwingt und wann er tyrannisch wird, so um die dreißig. Darin zeigen sich die Umrisse eines Psychologen, der noch nicht weiß, daß er Psychologe ist. Martha wird zum ersten Schüler einer »Freudschen« Psychologie, zumindest ihrer Vorgestalt.

Ihr Liebhaber stellt sich dar als Wissenschaftler, als Tempelverteidiger, als Weltmenschen – zugleich führt er einen Freund an, der vielleicht noch besser als er selbst für Martha taugte. Doch für den wird er die Geliebte nicht wechseln. Freud malt seine Stärken und Schwächen aus: Unterwerfen wird er sich nicht, er ist »tyrannisch«, er ist ein Aufklärer, der Marthas religiöse Bindungen zerstören wird. Wenn sie ihre Freundschaften mit anderen Männer nicht für ihn opfert, ist er gekränkt. Ihre Widerstände machen ihn »böse«, doch er ist nicht nachtragend – aber sagen mußte er es.

Freud erklärt der Braut, wie sie Cervantes zu verstehen habe. Aus Anlaß einer Carmen-Aufführung macht er seiner Martha deutlich, wie er sich selber sieht: Das Gesindel lebt sich aus, und wir entbehren. »Wir heben uns für etwas auf, wissen selbst nicht für was – und diese Gewohnheit der beständigen Unterdrückung natürlicher Triebe gibt uns den Charakter der Verfeinerung« (Brief vom 29. August 1883). Das Höchste für einen Menschen ist das Bewußtsein der

»gesammelten Bereitschaft«, das Aushalten eines »langen Weges«. Daher streben wir mehr dahin, Leid von uns abzuhalten, als uns Genuß zu verschaffen.

Die Psychologie des gemeinen Volkes ist von der unseren verschieden. Das Ausleben ist seine Abfindung dafür, »daß alle Übelstände es schutzlos treffen«. »Sie haben auch mehr Gemeingefühl als wir, es ist nur in ihnen lebhaft, daß sie einer das Leben des anderen fortsetzen, während jedem von uns mit seinem Tod die Welt erlischt.«

Halb ironisch, wie oft in den Briefen, rechnet Freud schon mit Biographen; denen will er es schwer machen, indem er seine Aufzeichnungen vernichtet. Doch worüber sollten sie schreiben? Über seine Psychologie – davon wußte er selbst noch nichts.

Allerdings bringt er schon damals für seine Braut beeindruckende psychologische Charakterisierungen zustande. Das Leben seines Kollegen Nathan Weiß sei komponiert gewesen wie von einem Charakterdichter. Seine kritiklose Selbstliebe habe ihn angetrieben; er habe Freude an sich selbst gehabt, an seinem Sprechen, seinem Denken, seinen Handlungen. Neben der Medizin sei er nicht zu bewegen gewesen, sich ein anderes Stückchen der »schönen Welt« anzusehen. Weil er jedoch als edler, uneigennütziger Mensch erscheinen wollte, wollte er ein armes Mädchen heiraten und wählte sich dazu ausgerechnet »eine Brünhilde«. Er ertrug nicht, abgewiesen zu werden, und ertrotzte die Heirat – danach hängte er sich auf. »Er starb an der Summe seiner Eigenschaften, seiner krankhaft schlechten Selbstliebe, wie an seinen auf Edleres gerichteten Anforderungen« (Brief vom 16. September 1883).

Solche seelischen Kompositionen waren auch dem Briefschreiber nicht fremd. Er spürt seine Eifersucht, sein Bestimmen-Wollen; er vergleicht seine Arbeit mit einer »Narkose«, die ihn vor seiner großen Empfindlichkeit und Erregbarkeit rettet. Er fühlt sich einsam bei all seiner Sehnsucht und Ungeduld. Er merkt, wie »Übelsehen und Kleinmut« ihn überfallen, wie er seine Braut kränkt, aber er ist bereit, ihr zu vertrauen; vielleicht kann sie ihn retten und abhalten von Neid, Ärger, »Geiz nach Unwichtigem«, vielleicht auch von seiner Wut, seiner Leidenschaft, seinen Konflikten (Brief vom 23. Oktober 1883).

Andererseits wird er mißtrauisch, ob sie ihm etwa etwas verschweige – er beginnt, ihr Verhalten zu deuten. Er beschwert sich, daß sein »Weibchen« ihn für schroff, unzugänglich und mißtrauisch gegen Fremde und Fremdes hält. Dagegen wendet er ein, er sei ein Oppositionsmann und hinter seiner Schüchternheit stecke ein maßlos kühner, trotziger und leidenschaftlicher Mensch. Mit seinen vielen Zitaten und der Suche nach passenden Metaphern erinnert das Lebensbild, das Dr. Freud zu dieser Zeit anbietet, an eine Heiligen-Vita, deren erster Teil realistisch das wilde und widersprüchliche Leben, deren zweiter Teil die fromme Bekehrung schildert. Bei dem ungläubigen Freud wird es allerdings auch im zweiten Teil wild und widersprüchlich bleiben und dennoch, durch eine andere Behandlung, zu einer Verwandlung kommen.

Weder seine Selbstbehandlung noch die späte Legende seiner Anhänger schafft beiseite, daß Freud ein kompletter Mensch »in seinem Widerspruch« war und immer geblieben ist – und das wußte er auch selbst und das zitierte er gern. Was ihn betroffen machte und was ihn antrieb, daraus etwas mehr und anderes zu machen, bewegte sich zwischen seiner

Angst vor Verlassensein und der Bereitschaft, seine Existenzberechtigung durch ein großes Werk zu erweisen. Auch wenn der Dreißiger zwischendurch mit einem idyllischen Häuschen oder mit Sprüchen kokettierte, er sei in der Jugend nicht jung gewesen und könne jetzt im reifen Alter (!) nicht recht altern.

Seine Braut war dem Dr. Freud ein Symbol und ein Spiegel für das Wagnis, sich einen festen Platz auf dieser Welt zu erobern und ihn auch zu halten, trotz der Angst, das könne wechseln und scheitern. Auf diesem menschlich-allzumenschlichen Boden erwächst sein psychologisches Genie; nicht aus der Umwandlung eines unanalysierten Menschen in einen analysierten Heiligen.

Mit der Wahl seiner Frau gab Sigmund Freud seinem Leben eine feste Gestalt, einen Rückhalt, der ihn auch weiterhin bereit sein ließ, auf den Ruf zu warten, der ihn etwas Besonderes werden ließ. Dazu brauchte er jedoch noch mehr als die Liebe einer Frau: Er brauchte einen Austausch mit Vorbildern, mit denen er sich messen konnte – mit Vorbildern, die sich in seiner Gegenwart auf Seelisches einließen, so wie er es bei sich selbst verspürt hatte. Da war der Privatdozent Dr. Josef Breuer, der ihm die seltsame Geschichte von einer jungen Frau erzählte (Anna O.), was ihn aber noch nicht sonderlich beeindruckte. Größeres Interesse fanden die Versuche, die Jean Martin Charcot in Paris machte. Der berühmte Professor beschäftigte sich vor allem mit Untersuchungen über Hysterie und Hypnose. Freud, der gerade Privatdozent geworden ist, durch eine kumulative Habilitation, erhält ein Stipendium für einen Aufenthalt an der Klinik von Charcot. 1886 geht er nach Paris.

Hier packt es den Forscher, der ein Thema für seine Forschungen sucht: Er sieht seine eigene wechselhafte Konstellation im (Zerr-)Spiegel scheinbar unnormalen Verhaltens und Erlebens. Es sind dieselben Menschen, die auf zwei Schauplätzen leben, ohne es zu wissen. Und »Meister Charcot« war in der Lage, den einen Zustand in den anderen Zustand zu verwandeln; wie ein Zauberer konnte er artifiziell Lähmungen der normalen Beweglichkeit produzieren und umgekehrt scheinbar Gelähmte wieder in Bewegung und zum Sprechen bringen. Charcot wußte allerdings nicht, womit diese Wiederauferstehungen zusammenhingen. Seine Kollegen dachten über den Zusammenhang solch gegenläufiger Prozesse noch weniger nach; sie schoben die Ursachen auf den degenerierten Charakter von Simulanten.

Freud staunte und begann über den Zusammenhang nachzudenken. Ihn beschäftigte das Problem der Ausdrucksbildung. In körperlichen Phänomenen – Weinen, Toben, Erstarrung – kommen seelische Vorgänge zum Ausdruck. Normal ist, daß wir sagen können, welcher Eindruck uns peinigt. Ein Hysteriker weiß das nicht: »Das Band des Zusammenhangs« umschlingt nicht mehr alle seelischen Prozesse (Aufsatz über Charcot, 1893). Dennoch kann das scheinbar Abgestorbene wieder belebt werden – es gibt Un-Totes; das wirkt trotz der Spaltung in Gewußtes und Nicht-(mehr)-Gewußtes weiter. Offensichtlich können sich fremde, abgedrängte, unbewußte Seelenprozesse körperlich äußern, ohne daß unser bewußtes »Ich« den Sinn dieser Äußerungen kennt.

Bei Charcot beginnt Freud zu ahnen, wie seltsam das Seelische ist, das sich bei anderen und auch bei ihm selbst abspielt. Doch das bleibt im Vagen, geht durcheinander, es dauert Jahre, bis daraus das Konzept eines Seelenapparates

Gestalt gewinnt. Einige Markierungen heben sich jedoch schon damals aus dem Beobachteten und aus den Beobachtungen, die Freud an sich selbst macht, heraus. Es gibt zwei verschiedene Zustände, die voneinander abgespalten sein können – die nichts voneinander wissen müssen. Scheinbar Abgestorbenes ist un-tot; denn es läßt sich wieder beleben. Die Zustände sind auch nicht einfach da, sie lassen sich vielmehr herstellen, Verwandlungen sind im Spiel. Seelisches ist keine einfache und keine lineare Angelegenheit: Etwas findet notwendig in anderem seinen Ausdruck; bei einer Spaltung in seltsamen Symptomen oder Symbolen.

Damit packt der Privatdozent Freud das Rätsel des Seelischen von einer anderen Seite her an, als es die Physiologische Psychologie seiner Zeit versuchte. Die hielt sich an ein auf Bewußtsein, Reize und Empfindungen, Vorstellungs-Verkettungen und Willensimpulse verengtes Seelenleben – eine kleinseelische Psychologie. Für Freud dagegen wirkt Seelisches, es macht etwas, es nimmt Leibliches zum Ausdruck für Inhalte und Probleme. Es verwendet Reize, Nervenverbindungen, Funktionsstörungen für seine Sinnbildungen und Verwandlungen.

Es dauerte aber noch eine lange Zeit, ehe aus Ahnungen und Beobachtungen eine Psychologie wurde. Freud heiratete 1886; 1887 wurde seine Tochter Mathilde geboren. Seit 1886 bemühte er sich auch in einer eigenen Praxis, kranke Menschen mit Hilfe von Elektroapparaten und Hypnosen wieder gesund zu machen – er hatte kein Konzept für seine Behandlung und keinen Erfolg. Es gelang ihm nicht, Lahme zum Gehen zu bringen. Warum hielten die Verwandlungen, die Charcot und auch er selbst in Gang zu bringen suchten – vom Lahmen zum Bewegten, vom Suggerierten zur »normalen« Aktion – nicht an, warum war der Faden zwischen Vergangenem und Gegenwart verloren gegangen? Wichtiger als die Erklärung »Suggestion« wurde für ihn mehr und mehr die Frage, was denn in der Suggestion am Werk sei (Übersetzung von Bernheim, 1896[2]). Davon wußte er genauso wenig wie von dem, was in seiner Wut, seiner Unruhe, seiner Eifersucht, seiner Gier nach Ruhm und auch in den seltsamen Symptomen, die er bei sich beobachtete, vor sich ging.

Der Privatdozent Dr. Freud kennt und liebt die großen Werke der Literatur. Er hat ein Gespür für Gestaltbildungen: für Analogien, für Symbole, für das Verhältnis von Ganzem und Teilen. Und er kann Gliederungen sehen und ihre Umbildungen verfolgen. Er hat gelernt, etwas in anderem wiederzufinden, auch wenn es sich versteckt oder wie ein Ersatz aussieht. Das bringt ihn weiter, als er sich in seiner Klemme an einen Fall erinnert, den ihm vor Jahren Josef Breuer erzählt hat und der ihn damals nicht sonderlich interessierte. Eine junge Frau hatte Situationen, bei denen sich (geheime) Wünsche nicht ausführen ließen, in sehr seltsamen, scheinbar unsinnigen Symptomen am Leben gehalten (Halluzinationen von Schlangen, Totenköpfen; Lähmungen; Stupor). Indem sie ihrem geliebten Arzt Dr. Breuer in Hypnose erzählte, woran sie diese Symptome erinnerten, kam ein seelischer Zusammenhang ans Licht: Er war gestört worden, weil etwas Unlustvolles vermieden werden sollte. Anna O. konnte nicht schlucken – das hatte mit einer ihr unerträglichen Gouvernante zu tun, die sie nicht an die Luft setzen konnte. Anna hatte »Wehen« – das war Symbol für ein Kind, das sie von ihrem Doktor haben wollte, erklärte sich Freud.

Nun erlebt Freud wieder in einem Spiegelbild, was er bei sich selbst beobachtet. Er beginnt einen Zusammenhang zu ahnen, einen psychologischen Zusammenhang, und das setzt seine Selbstbeobachtungen im Briefwechsel mit Martha auf einer anderen Ebene fort. Freud sieht sich selbst als einen der Patienten, die in seine Praxis kommen; er beginnt die »Sprechkur« und das »Kaminfegen«, wie Anna O. es nannte, an sich selbst zu erproben: Alles Aussprechen, was in den Sinn kommt, auch das scheinbar Sinnlose und Fremde.

Für manche Psychologen sind Ereignisse im eigenen Leben zum Anlaß für psychologische Beobachtungen geworden – beim Verliebtsein, beim Kinderkriegen, bei Berufsproblemen, bei Krisen. Erst Freud brachte es jedoch fertig, über zehn Jahre hinweg – und dann sein Leben lang – seine Selbstbeobachtungen konsequent aufzubrechen auf Prozesse hin, die ihm bewußt zunächst nicht faßbar wurden. (So etwas hatte Johannes von Müller einmal versucht, und er war dadurch in eine Depression verfallen, die ihn zwang, sein Vorhaben aufzugeben.) Der erfolglose Arzt dachte darüber nach, ob es vielleicht ein psychologisches System sei, das Zusammenhänge verständlich mache zwischen seltsamen Symptomen, Spaltungen, Umwandlungen und Auflösungen des Scheintot-Gemachten. Vielleicht gibt es doch einen Zusammenhang, trotz des wechselhaften Lebens oder sogar gerade im wechselhaften Leben (*Über den Traum*; 1901). Um sich einem psychologischen System zu nähern, sah er sich nicht nur seine Fälle nach dem Muster Anna O. an, sondern er blickte auch in den Spiegel seines eigenen rätselhaften Seelenlebens.

Tyrann Psychologie – wie Untotes weiterlebt

In der Lebensentwicklung von Sigmund Freud gingen die menschlichen Vorbilder allmählich in das Vorbild des Gegenstandes Psychologie über – daß er sich einer Psychologie annäherte, die in die Höhe und in die Tiefe reichte, kristallisierte sich zu seiner Legende. Ihn selbst ließ dieses Gespräch mit einem weltumfassenden Seelenbetrieb ertragen, was ihm bisher unerträglich war: Daß der Wechsel ihn überraschte und daß sein aktives Tun im passiven Ausgeliefertsein, im Bestimmt-Werden, versackte. Nun lernte er, der Einheit mit dem Seelischen zuliebe, Vermutungen und Festlegungen aufzugeben, wenn sie nicht in den Zusammenhang paßten. Er lernte auszuhalten, daß seine psychologischen Konstruktionen zusammenbrachen und daß er dabei verzweifelt und niedergeschlagen wurde. Denn die Einheit mit dem Seelischen tröstete und bestätigte schließlich den, der sich immer wieder dazu aufraffte, das Rätsel zu lösen, und der schließlich zur »eigentlichen« Realität des Seelischen vordrang.

Im Falle von Anna O. sahen Freud und Breuer einen seelischen Zusammenhang darin, daß sich in der Vergangenheit ein Handlungskreis nicht hatte schließen können; das wirkte seltsamerweise – unbewußt – in die Gegenwart hinein und brachte dabei scheinbar unsinnige Produktionen (Symptome) zuwege. Auf eine Formel gebracht hieß das: Solche Fälle leiden an »Erinnerungen« (Reminiszenzen). Das sei so, als ob ein Fremdkörper die Handlungskreise der Gegenwart störe. Offensichtlich stand das Unsinnige der Symptome doch in einem sinnvollen seelischen

Zusammenhang – ein sinnvoller Handlungskreis wollte sich in der Situation damals schließen, wurde aber durch andere Interessen dabei gestört. Kam der gestörte Handlungskreis später in der Analyse zu Wort, ließ er sich schließen, und damit verlor sich das Symptom (Abreagieren) – Nicht trinken Können – Erinnern – Trinken.

Freud war durch solche Überlegungen noch nicht bei einem System angelangt, zu viele Fragen blieben offen: Wie existiert ein Fremdkörper seelisch weiter? Warum kann das Seelische sich spalten? Unter welchen Bedingungen schließt sich ein Handlungskreis nicht? Wie funktioniert das im ganzen? Andererseits war aber in den »Studien« der beiden Doktoren viel mehr mitgedacht an Psychologie, als sie auf Formeln gebracht hatten. Seelisches kann seine Arbeiten symbolisch weiterführen; ein Interesse, das sich nicht deutlicher äußern kann, sucht sich einen Ersatz. Spaltung hat vielleicht etwas mit Umfunktionieren, Umwandeln, mit einem Doppelleben zu tun. Das Seelische ist ein Symbolisierungsbetrieb; Symbole sind nicht etwas Unverbindliches, im Seelischen ist alles sinnbestimmt, und dem dienen auch Symbolisierungen. Das seelische Getriebe ist so gebaut, daß es doppelsinnige Bilder braucht. Es ist nicht einfach, sondern eine uneinheitliche Einheit – was aufkommt, lebt weiter, indem es im anderen seinen Ausdruck findet.

Freud folgt solchen Wirkungszusammenhängen: Was will da herauskommen, was widersetzt sich dem, was ist wo am Werk? Auch wenn von »Erinnerungen« die Rede ist, wird immer ein »Wollen« und Wirken hinzugedacht. Das wird ein Leitfaden, Zusammenhänge auch da aufzudecken, wo scheinbar kein Zusammenhang zu finden ist. In diesen

Überlegungen nähert sich Freud einer anderen Lebensgestalt: Er lebt seine philosophischen Interessen als Psychologe weiter, seine kindlichen Interessen in wissenschaftlicher Distanz, seine persönlichen Erfahrungen in den Bewegungen der »Sache«.

Breuer erklärte sich die verwirrenden Seelenspaltungen als zwei Zustände; in einem sind wir bewußt und tätig bei der Sache, in dem anderen breitet sich eine diffuse Strömung aus. Freud sah dagegen, wie in den scheinbar sinnlosen Produktionen zwei Kräfte gegeneinander wirken. Das entsprach den Beobachtungen bei Charcot und auch seiner Selbstbeobachtung schon eher. Wenn sich unser Leben auf zwei Schauplätzen abspielt, dann sind diese tätig, in Betrieb, da soll etwas passieren. Auf dem einen spielt sich ein Kultivierungsprozeß ab, der andere hat mehr mit Genuß, mit Lust, mit Leidenschaften zu tun. Mal zieht uns der eine an, mal der andere; der Kultivierungsprozeß ist uns vertraut, die Gegenkräfte sind uns zwar eigen, doch zugleich auch fremd.

Dafür ist der Fall der »Elisabeth von R.« ein Beispiel. Sie liebt ihren Schwager, doch die Kultur verbietet ihr das – dieses Verhältnis macht sie sich nicht bewußt, aber sie hat Schmerzen, ob sie geht oder steht. Freud meint, ein solcher Zusammenhang sei eine Geschichte, die sich wie eine Novelle lese. Sobald wir nach seelischen Sinnzusammenhängen fragen, brauchen wir andere Methoden und Kategorien als das Zusammenzählen von Elementen.

Sinn im Seelischen hat für Freud zunächst mit Wollen zu tun, daher analysiert er Symptome auch unter dem Stichwort *Wille und Gegenwille* (1892). Das ist der Titel seiner ersten psychologischen Arbeit. Bei der Analyse der Patienten bleibt das Warum des doppelten Willens noch im Unklaren; auch die Umstände, wann der Wille oder der Gegenwille sich durchsetzt. Aber mit einem großen Schwung bringt Freud den Gegenwillen mit dem »Dämonischen« zusammen, das sich in Besessenheiten, Nonnenhysterien, Bubentollheiten zeige. Unter dem Mythos des Dämonischen hat das Volk schon immer etwas über die Inhalte des Kräftespiels ausgesagt; ganz im Sinne von Feuerbach will Freud diesen Mythos des Dämonischen durch eine »psychologische Formel« ersetzen.

Die Zusammenarbeit mit Breuer ging hier nicht so recht weiter, zumal Freud in allem auch einen sexuellen Anteil zu vermuten begann. Breuer erschien Freud zu zögernd, nicht energisch und nicht fantasievoll genug. Da hatte er schon einen Ersatz bereit, einen Vermittler für das große Vorbild einer »reinen Psychologie«: Wilhelm Fließ war ein Hals-Nasen-Ohren-Arzt mit einigen manieristischen Ideen über Zusammenhänge von Seele und Welt. Die Nase erschien ihm als ein Sexualsymbol, der Differenzierung in Mann und Frau ging eine Bisexualität voraus, das ganze Leben war durchwirkt von wiederkehrenden, Glück oder Absturz verkündenden Rhythmen. Freud begann mit ihm einen Briefwechsel; er überzeichnete dabei das Bild von Fließ, bis es zu einer Art Moses geriet, der in das Land des Seelischen führte, gut für das Leben und für die Wissenschaft des Sigmund Freud. Seine Briefe beginnen schon bald mit Liebster Wilhelm! Theurer Wilhelm! Sie entwickeln sich zu einem packenden Forschungsbericht.

In einer Union mit Fließ fand Freud Verständnis, Korrektur, Duldung für die wechselnden Zustände seiner psychologischen Entdeckungsprozesse – statt der Abweisung, der Kritik, dem Fallengelassenwerden, das ihm widerfuhr bei seinen Vorträgen vor der Wiener Ärzteschaft. Freud sah in Fließ den gerechten »Tyrannen Psychologie« und die tolle »Mutter Natur« verkörpert, die ihm etwas abverlangte, die sich ihm aber auch offenbarte. Wie »funktioniert« Seelisches, wie können Erinnerungen, die uns nicht bewußt sind, weiterleben, wie wird die Spaltung gemacht, was steckt in unserer Angst? Die Liebe, die er Fließ zuschrieb, versprach Freud, er werde nicht verlassen werden, auch bei Fehlschlägen nicht, nicht bei Schuldbekenntnissen und auch nicht bei seinem Triumph als Konquistador.

Freud hat jetzt eine Richtung, in der er etwas Besonderes werden kann; das ist wichtig für ihn und auch für sein Familienleben. Er arbeitet für seine Familie, aber er arbeitet auch für seinen neuen Lebensinhalt. Mit der Frau, der er die Brautbriefe schrieb, hat er sechs Kinder – die Jungen sind nach seinen Vorbildern benannt: Martin Charcot, Oliver Cromwell, Ernst Brücke. Die Mädchen hießen Mathilde, Sophie und Anna. Wäre das sechste Kind, Anna, ein Junge geworden, wäre sein Pate Wilhelm Fließ gewesen. Seine Frau und seine Kinder wissen, daß der Vater nicht nur Geld ins Haus bringt, sondern auch an einem großem Werk arbeitet. Darauf nehmen alle Rücksicht, und das räumt ihm (wieder) eine Vorzugsstellung ein.

Seinen Kollegen gegenüber hatte sich Sigmund Freud in die Rolle eines verfolgten »Sehers«, ähnlich wie Charcot, gebracht. Er fühlte sich allein, in einem leeren Raum; auch daher war ihm der Zuspruch von Fließ so wichtig. Dabei waren die Ärzte-Kollegen nicht schlimmer als andere Menschen, denen man vorschlägt, ihre Auffassung und sich selbst zu ändern. Sie schickten ihm Patienten, hielten etwas von seinen medizinischen Abhandlungen, ließen ihn auch seine Artikel, in denen Sexualität mehr und mehr eine Rolle spielte, in ihren Zeitschriften veröffentlichen.

Außerdem ordnete sich Freud selbst gerne in den kulturellen Rahmen ein, in dem die Ärzte in Wien lebten. Seine Wohnung entsprach dem bürgerlichen Geschmack; seine Frau regelte die praktischen Dinge, und er füllte sie mit antiken Objekten, die sich langsam zu einer der bedeutendsten privaten Antiken-Sammlungen auswuchsen. Freud lebte nach den Einteilungen dieser Gesellschaft, was Verdienen und Ferien-Machen anging – drei Monate –; er trat in eine Loge ein, in der er regelmäßig Tarok spielte. Mit Musik und moderner Kunst konnte er nicht viel anfangen. Seine Lieblingsoper war Mozarts *Don Giovanni*, das Drama des Verführers und seines un-toten Gegners.

Eine Revolution der Kultur oder seines Arbeits- und Familienlebens hatte Freud nicht im Sinn; wer nicht arbeitete, dem stand auch nichts zu. Daß alles Schlimme auf bürgerliches Eigentum zurückzuführen sei, glaubte er nicht. Eine Aufforderung, an dieser Kultur etwas zu ändern, sah er nur da, wo er auf Vorurteile, Einrichtungen oder Gewohnheiten stieß, die seiner neuen Psychologie entgegenstanden. Und das war auch schon zuviel für die meisten.

Seine Psychologie war für Freud nicht bloß eine intellektuelle Angelegenheit. Sonst hätte er nicht mit einer solchen Zähigkeit immer wieder daran gearbeitet, sich von einem Neurologen in einen Psychologen zu verwandeln, der ein neues Bild vom Seelischen in die Welt setzte. Er war besessen zu erfahren, warum sich trotz gutem Willen und klarem Verstand immer wieder das gleiche wiederholte: Von Willen und Verstand unbeeinflußbar, änderte sich etwas in einer

Richtung, die er nicht leiden konnte. Er verspürte »unehrbares« Drängen; er fand den Gegenwillen gerade bei den tadellosesten Charakteren – ausgerechnet die Willensmenschen sind bisweilen machtlos gegenüber befremdenden Sehnsüchten, Tagträumen, Räuschen, nicht zuletzt gegenüber allerlei körperlichen Symptomen. Daß dabei seine Sexualität im Spiel war, hatte er nicht nur in der Brautzeit und in Paris verspürt.

Diese ganze Erfahrung wandelte sich in die Besessenheit eines Psychologen, der konsequent danach fragt, wie das zusammengeht, was hier gegeneinander wirkt, was das eine mit dem anderen zu tun hat und wie Wirkung und Gegenwirkung einander modellieren. Sigmund Freud will derjenige sein, der hier seinen Namen in die Geschichte schreibt; das ist das Schlachtfeld, auf dem er Hannibal, seinem Jugendideal, nacheifern kann. Wenn er die Lösung findet, ist er unverwechselbar, und das wirkt allen Schwankungen zum Trotz über den Tod hinaus.

Zugunsten dieser Psychologie lernt Freud, die eigene Heftigkeit, Unruhe, Angst und auch die Fehlschläge bei seiner Suche zu ertragen. Er beginnt, sich diese Phänomene anzusehen, sie zu befragen, über einfache Feststellungen hinaus zu gehen. Zunächst hofft er dabei auf die Hilfe seines zweiten Ichs, Fließ wird sein »Messias«. Fließ verspricht Liebe und männliche Treue zugleich. Freud braucht ihn als einen Spiegel, um seine andere, »unehrbare« Seite – den anderen in ihm – fassen zu können, als einen Spiegel, der ihn nicht verrät. Die Liebe seiner Frau reichte nicht, das Auf und Ab eines solchen Entdeckungsprozesses durchzuhalten – nur eine Männerliebe: »das Weib« kann eine solche »Kameradschaft« nicht ersetzen.

Freud ist zu seinem eigenen »Hauptpatienten« geworden; er sieht seine Neurose, mal Hysterie, mal Zwang, seine Symptome, seine Todesängste, seine Beschäftigungsdelirien. Noch etwas mehr: Er läßt »Einfälle« bei diesen Phänomenen zu, wie der Glücksfall Anna O. ihn lehrte, und er rekonstruiert, bringt Analoges zusammen, verbindet Erinnerungen mit seiner Gegenwart. Er hört zu – er läßt sein unbekanntes Seelisches, wie das seiner Patienten, zur Sprache kommen. Das sagt sich so leicht, war für Sigmund Freud aber eine ungeheure Sache; daß er befürchtete, Fließ verschweige ihm seinen nahen Tod, ist ein Hinweis darauf. Vielleicht war es auch schon bei dem kleinen Jungen so: »Alles wie im Dornröschenschloß, als plötzlich die Katastrophe eintraf« (Brief vom 19. April 1894). Doch Freud kommt wieder aus dem Tief heraus; dann träumt er von einer Gedenktafel, die man für ihn errichten wird. Denn so ein psychologisches Vorgehen gab es vor ihm nicht. Keiner fragte so, keiner brachte Widersprüchliches so in Zusammenhang. Freuds Psychologie ließ nicht allein Ungeheuerliches zu, sondern bannte es auch in ein System. Von ihm her versteht er auch seine Zustände allmählich.

Die eigene Sexualität macht ihm Probleme und Angst. Das bestärkt seine Vermutungen, irgendwie sei bei seelischen Störungen immer Sexualität im Spiel. Auch der Dualismus von Wille und Gegenwille scheint etwas damit zu tun zu haben. Es ist allerdings noch ein langer Weg von dieser Sexualität irgendwie, von der die Menschen schon immer wußten, bis zu einer (Freudschen) Sexualität, von der sie nicht wußten. Freud beginnt nach einer Sexualität zu suchen, die sich in zwei Sexualitäten aufteilen läßt, die das Verhältnis von Wille und Gegenwille verständlicher macht, die sich auf das Herstellen von Spaltungen beziehen läßt.

Ende 1893 schreibt er an Fließ, das »Sexualgeschäft« konsolidiere sich. Er versucht eine Lösung für Probleme zu finden, die mit einer zweiteiligen Sexualität verbunden sind, indem er auf das alte Modell des Traumas zurückgreift: Ein Handlungskreis konnte sich nicht schließen, er blieb »verletzt«. Im Trauma lebt die Erinnerung an eine Sexualität weiter, die zu früh, noch ohne Verständnis, erregt wurde. Es handelt sich um eine verfrühte Verführung zu einer (erwachsenen) Sexualität. Das macht Angst, das stört unsere Handlungen, wenn wir in der Pubertät etwas von der normalen Sexualität zu verstehen beginnen, und das führt auch im Erwachsenenleben zu Symptomen.

Doch die Trauma- und Verführungs-Hypothese befriedigt nicht Freuds Wunsch nach Einsicht in komplette seelische Wirkungszusammenhänge. Dann müßte man sich das Seelische als passiv vorstellen, dann brauchte man immer einen Verführer, da fehlte immer noch eine Erklärung, wie ein solcher »Fremdkörper« über Jahre weiter wirken kann; es hat nicht genug mit dem Seelenleben zu tun, das etwas produziert und will, das Spaltungen herstellt und von »unehrbaren« Sehnsüchten bedrängt wird. Die Trauma-Hypothese ließ sich auf die Dauer weder von den Fällen noch von der Selbstanalyse her bestätigen.

Selbst wenn er damit wieder einen Lösungsversuch verwerfen mußte, Freud verspürte, daß die heftigen Bewegungen des Seelischen, die er beobachtete, nicht einfach unter den Tisch fallen konnten: Da geht es um Kränkungen, Austoben, Widerstand, um Hingabe, Abwehr, Brechungen, Erdichtungen, Verdichtungen – da ist etwas los, da wird gewollt, da wird produziert! Und zwar von Anfang an, auch schon in der Kindheit.

Sexualität ist zweiteilig und zweizeitig, weil das Seelische in jeder Zeit tätig und »wollend« ist. In der Kindheit entwickelt sich eine eigene Sexualität, die mit der erwachsenen Sexualität nicht gleichzusetzen ist. Auch diese Sexualität will bestimmen, was geschehen soll, nicht nur von Fall zu Fall, nicht indem sich ein Element an ein anderes kettet. Es sind übergreifende Entwürfe, wie die Welt zurecht gemacht werden soll, Strukturierungsprozesse, die den Werken der Dichtung gleichen. Das hört sich nicht nur an wie Novellen, das sind gelebte Erzählmuster, in denen wir auch schon in der Kindheit unseren Umgang mit der Wirklichkeit zu organisieren suchen.

Damit stellt Freud die Elementenpsychologie der Trauma-Hypothese auf den Kopf. Im Drama vom Ödipus findet er ein Grundmuster, das all diese Züge auf ein Bild bringt – und er findet damit zugleich eine Charakterisierung infantiler Sexualität, so nennt er das jetzt, die sie von der erwachsenen Sexualität unterscheidet. Im Laufe der Kindheit strukturiert sich menschliche Entwicklung zu einem »ruchlosen« (inzestuösen) Drama: Den Vater morden und die Mutter freien.

Unser Seelenleben ist nicht fertig; in einem Entwicklungsprozeß stellt es sich als ein Gebilde her, das ein bestimmtes Verhältnis zur Wirklichkeit setzt: Es muß eine Form finden, wie der Mythos es darstellt. Aber der Ödipus-Mythos ist ein ungeheurer Mythos: Er strukturiert die Welt durch einen Entwurf, der sich nicht durchführen läßt. Gerade das begründet seine Wirkung durch das ganze Leben hindurch; eine solche Richtung kommt immer wieder auf, und sie muß immer wieder umgewandelt werden. Zu derartigen inhaltlichen Strukturierungsprozessen, als Erklärung, war bis zu Freuds Zeiten noch kein Psychologe vorgedrungen. Das war nicht nur ein neuer Inhalt, sondern auch ein neues System, seelische Zusammenhänge aufzufassen. Für eine Bewußtseinspsychologie, die mit Vernunft und freiem Willen operierte, konnte es so etwas gar nicht geben.

Freud mutet unserer Kultur mit seinem sehr ausgeweiteten Begriff von Sexualität ziemlich viel zu; er denkt dabei allerdings auch vieles mit, ohne es immer ausdrücklich von den sexuellen Mustern abzuheben. Auch für Freud ist Sexualität nicht der ganze seelische Apparat. Sie wirkt in einer Organisation, die sich am Leben zu erhalten sucht durch Absicherungen, Umstellungen, Entfaltungen und ähnliche Umwandlungsprozesse. Nicht einmal die Verdrängung ist ein »sexueller« Prozeß.

Doch Sexualität ist der Prozeß, der insbesondere im Suchen und Finden von Zusammenhängen am Werk ist. Angesichts der sich ändernden Wirklichkeit drängt das Seelische auf Einheiten von Lieben und Geliebtwerden. Wir finden Ruhe in Gestalten, weil sie »sexuell« sind. Bei der infantilen Sexualität sieht das, zu unserem Erschrecken, so aus, daß wir die Mutter zu dieser Einheit verführen und alles Störende dabei beseitigen wollen. Daher hat Freud auch nie dazu aufgefordert, die sexuellen Regungen einfach freizugeben. Er hat aber auch nie verhehlt, daß die infantile Sexualität den Menschen sichtbar macht, daß ihr freier Wille eine Illusion ist; der Mensch ist nicht Herr im eigenen Haus (F. W. Hildebrandt).

Freud selbst glaubte, um zu einer neuen Psychologie zu gelangen, müsse der Acheron, die Unterwelt, bewegt werden, von der das Willens-Ich nichts ahne. Nur dadurch konnte er sichtbar machen, unter welchen Bedingungen und durch welche Prozesse das hergestellt wird, was wir unser »Ich« nennen. Die doppelte und »zweizeitige« Sexualität gab Freud eine Antwort auf die Frage, wie diese uneinheitliche Einheit beschaffen sei, die er in seinen Beobachtungen an sich selbst und an anderen verspürte. Die Sexualität seelischer Zusammenhänge überhaupt ist die (gemeinsame) Einheit in den verschiedenen Sorten der infantilen und der kultivierten Sexualität. Weil aber infantile und kultivierte Sexualität zugleich wirken, zerteilt sich die Einheit in zwei verschiedene »Gruppierungen«, die einander beseitigen, zumindest aber bedrängen und umbilden wollen. Wenn Sexualität etwas anderes ist als Geschlechtsverkehr – sie hat mit Inzestuösem, Analem, Andrängen, Herummatschen und Töten zu tun –, dann war verständlich, warum den Kultivierungsformen die andere Seite der Sexualität nicht nur fremd, sondern verachtenswert und unerträglich erschien.

Seit den griechischen Philosophen fasziniert uns der Gedanke, alles in dieser Wirklichkeit lasse sich auf ein Prinzip bringen. Daher fasziniert sicher auch, wenn ganz widersprüchliche Phänomene unter das Prinzip einer »Sexualität« gestellt werden. Denn das verwickelt uns in ein Spiel der Wirklichkeit, in dem wir ständig Deutungen und Umdeutungen produzieren müssen. Infolgedessen können wir die Wirklichkeit nicht mehr als ein festes Sein ansehen. Einen solchen Manierismus lehnte Freud selbst als »Relativismus« bewußt ab; er glaubte lange Zeit, er sei an das »eigentliche« und wahre Sein herangekommen.

Dazu fühlte er sich auch berechtigt, weil er wirklich nicht so leichthin von Sexualität als einem Täter sprach. Er zergliederte Sexualität, wie es vorher nie geschehen war. Seine Psychoanalyse brach die Ambivalenzen, die Umbildungsprozesse, die Ersatzformen von Sexualität auf. Er machte darauf aufmerksam, welch seltsame Utopien sich mit kindlichen Besessenheiten verbanden; Verliebtsein in das eigene System wirkt sich als Stabilisierung in der ständig bewegten Wirklichkeit aus. Freuds psychologische Analysen führten zu der Einsicht, daß im Gehaßten heimliche Liebe weiterleben kann; daß nicht Erinnerungen oder Gefühle seelische Zusammenhänge erklärten, sondern unbewußte Strukturierungsprozesse. Und unbewußt heißt, daß wir wirklich nicht wissen, was sich bei uns seelisch abspielt.

»Schöpfungslieder« eines Revolutionärs

In der »Sexualität« des Ödipus hatte Freud Einsicht in einen Mythos für Wechselverhältnisse gewonnen: Die Sehnsüchte der Generationen kreuzen sich in fataler Weise. Auch für sein eigenes Leben ahnte er dabei »Wichtiges« – Einsicht in den Zusammenhang seiner Stimmungsumschwünge hilft, den Wechsel zu meistern.

Der erotische Mythos war aber für Freud nicht schon die ganze Psychologie. Das ist nicht zu übersehen; die Psychologie will den Plan der Natur des Seelischen rekonstruieren, und Sigmund Freud hatte eben diese Konstruktion im Sinn. Wie fügte sich Sexualität in das Ganze, in die tätige Einheit des Seelischen – wie funktionierte das?

Wieder und wieder läßt sich Freud auf die wechselnden

Zustände seines Erlebens und Erarbeitens ein; immer wieder versucht er, sie aus einem Zusammenhang im Ganzen abzuleiten. Bald ist er auf diesem Weg obenauf: Von der »Schönheit intellektueller Arbeit« fühlt er sich getragen. Bald darauf fühlt er sich niedergeschlagen, er zerstört, was er bisher erarbeitet hat. Er kostet den Weg aus, auf dem er seinen Gegenstand in die Hand kriegt, und er modelliert daraus seine Psychologie. Freud spricht von »Entwürfen«, von »Märchen«, von »Bauplänen«. Er quält sich ein Jahrzehnt im Dialog mit der ungeheuren Seelenwirklichkeit. Mit seiner Arbeit treibt er Gänge voran, verliert sich auf Nebenwegen, stößt auf Barrieren, kommt schließlich weiter. Das ist sein »Martyrium«, seine Glorie, das wird sein Charakter.

Am 20. Oktober 1895 schreibt er an Fließ: »In einer fleißigen Nacht ... haben sich plötzlich die Schranken gehoben, die Hüllen gesenkt, und man konnte schauen vom Neurosendetail bis zu den Bedingungen des Bewußtseins. Es schien alles ineinanderzugreifen, das Räderwerk paßte zusammen, man bekam den Eindruck, das Ding sei jetzt wirklich eine Maschine und werde nächstens auch von selber gehen ... ich weiß mich vor Vergnügen natürlich nicht zu fassen.« Elf Tage später: »Ich glaube zwar wirklich, daß es zusammengeht, aber die einzelnen Stücke sind mir noch nicht recht verläßlich. Ich tausche sie unausgesetzt gegen andere aus und traue mich noch nicht, einem Weisen den Bau zu zeigen.«

Freud wird durch diesen Prozeß bestimmt und versucht, durch seine psychologischen Konstruktionen wiederum den Prozeß faßbar zu machen. Er belebt seine dualistischen Bilder, beginnt aber auch nach Mechanismen und Prozessen zu fragen, zwischen ihnen einen Zusammenhang herzustellen. Im Prozeß des Beschreibens und Erzählens gleicht er stets einem Maler oder Bildhauer beim Modellieren – er bildet das Gebaren der Phänomene bei sich selbst nach, reitet gleichsam darauf herum, bewegt sich dann über ähnliche oder abweichende Gestalten weiter. Er wird zu einem Schriftsteller, der seine Leser oder Zuhörer wirklich packen kann.

Zwischen den wechselnden Schauplätzen muß »es« passieren: Welche Wege gibt es, welche Konflikte, welche Mechanismen, die Zusammenhang herstellen. Denn es geht um Herstellungen, Produktionen oder Schöpfungen. Auch das Unbewußte ist nicht ein dunkles »Vermögen«, wie es die Romantik darstellte. Nach Freud hat es einerseits zu tun mit Prozessen, die weh tun, peinlich sind, die etwas zum Ausdruck bringen wollen, ohne daß uns diese Prozesse bewußt sind. Zum anderen aber entdeckt er, daß das Unbewußte eine eigene Logik hat; ihre Mechanismen und Kategorien werden vor allem bei der Analyse von Träumen entdeckt. Eine Konstruktions-Analyse, die sich damit beschäftigt, wie Mechanismen funktionieren, läßt Freud verstehen, daß Spaltungen und Nicht-Wissen durch einen unbewußt funktionierenden Seelenbetrieb hergestellt werden. Zugespitzter: Bestimmte Inhalte werden unbewußt gemacht, weil wir von ihnen nichts wissen wollen.

Die seelischen Organisationsformen, die alle Einzelzustände und -tätigkeiten bestimmen, sind nicht bei der Geburt fertig da. Sie bilden sich in einer (schöpferischen) Entwicklung, und zwar nacheinander, aus. Wie sich das Seelische im Laufe der Entwicklung herstellt, rekonstruiert Freud in einem Schichten-Modell. Schichten sind »seelische

Gruppierungen«, die jeweils auf eigene Weise versuchen, mit der Not des Lebens, dem Erregungsüberschuß, dem Unfertigen unserer Aktionen zurande zu kommen. Vereinfachend stellt Freud eine ältere und eine jüngere Schicht, seinen Erfahrungen entsprechend, gegenüber; wie sie sich organisieren, bringt er mit seiner These einer doppelten Sexualität zusammen.

Es erleichtert den Entwicklungsgang des Menschen, wenn sich die älteren (infantilen) Schichten in die jüngeren (Kultivierungs-)Schichten »übersetzen« und fortsetzen lassen. Das geht aber nur, wenn die Kultivierung dabei schon ein stabiles Regime errichtet hat. In der Kindheit ist jedoch diese neue Organisation noch nicht stabil; sie »flieht« vor Problemen der Umgestaltung, die sie nicht lösen kann – sie setzt den (Flucht-)Mechanismus der Verdrängung ein, sie macht die zu bewältigenden Inhalte unbewußt. Daraus entwickeln sich dann auch »pathologische« Produktionen, wie Freud sie bereits bei Charcot beobachten konnte.

Das Pathologische und seine Behandlung waren für Freud nicht die Hauptsache. Er wollte eine neue »allgemeine« Psychologie entdecken, eine Psychologische Psychologie – gegen die Medizin und gegen die Physiologische Psychologie der sogenannten Fachleute. Das war sein Schlachtfeld, hier war der Ruhm zu finden, darauf ließ sich die Legende eines Entdeckers und Eroberers gründen. Er fühlte sich stark, weil er der Psychologe war, der alles mit allem zu verbinden wußte: Die Tagesarbeit mit den Träumen, das Normale mit der »Psychopathologie des Alltags«, das banale Leid mit der Dramatik der Kunst. Er kannte das System des seelischen »Apparates«; er konnte fragen, wo ist eine Produktion geblieben, worin findet sie ihren Ersatz, in welch andere Schöpfungen hat sie sich verwandelt. Er achtet auf Gestaltähnliches und Abweichendes, auf Kompromisse und Symbole, wie auch die Dichter es tun, die etwas vom Seelischen verstehen.

Das soll aber nicht nur so einfach nacheinander erzählt werden. Freud steht unter einem Systemzwang; er will die »Mechanismen« des Zusammenhangs herausfinden, mit deren Hilfe Probleme, Konflikte, Störungen zwischen den beiden Schichten behandelt werden. Es überrascht, wie oft er von Verwandlungen spricht, gerade auch an Stellen, wo man es nicht erwartet hat, etwa bei der Verwandlung von Sexualität in Angst oder von Zerstörungstendenzen in ihr Gegenteil. Stolz berichtet er Fließ von den Mechanismen, die das störungsanfällige System in Bewegung halten: der Mechanismus der »Affektverwandlung« (Konversionshysterie), der »Affektverschiebung« (Zwangsvorstellungen), der »Affektvertauschung« (Angstneurose und Melancholie). Das sind seine Deklinationen des Seelischen. Die Mechanismen sind normale Gestaltungsprozesse, die Übergänge herstellen zwischen den infantilen Schichten und den Schichten, bei deren Tätigkeiten wir uns auf ein »Ich« beziehen können.

Freud will seine Legende auf ein Werk stützen – der Mann will ein Werk schaffen, und das Werk macht den Mann. Er braucht das Werk als ein Gegenüber und als Modell für einen seelischen Gegenstand. Dabei hatte das Modell dieser »Freudschen« Psychologie wiederum selbst den Charakter eines Werkes, auch wenn Freud das nicht ausdrücklich herausarbeitete – und seine Interpreten übersahen das völlig. Es war ein guter Griff Freuds, »Infantiles« und »Kultiviertes« als Organisationen zu verstehen – in beiden Fällen werden seelische Werke im Umgang mit der Wirklichkeit produziert. Es war ebenfalls ein guter Griff, mit der Formel »früher und später« ein System, das drängt, von einem System, das abwehrt, zu unterscheiden. Jedes System hat bestimmte Entwicklungsmöglichkeiten, woraus sich dann auch Prozesse oder Mechanismen ableiten lassen, die die beiden Systeme miteinander verbinden. Freud hat gelernt, mit dem Wechsel zu leben, indem er darauf achtete, was bei ihm drängte, was bei ihm hemmte – das verstand er jetzt von seinem System her.

Die Frage, ob er den Wechsel-Dualismus wirklich meisterte, suchte er zu klären, indem er sich auf eine Analyse unserer Träume einließ. Der scheinbar sinnlose Traum sollte »das Paradigma« für eine psychologische Analyse werden, die die Gesetze der Produktionsprozesse begriff, welche den Zusammenhang zwischen den beiden Schicht-Systemen herstellten. Die *Traumdeutung* wird 1899 veröffentlicht, mit dem ins neue Jahrhundert vorgreifenden Impressum 1900.

Die Arbeit an der *Traumdeutung* wirkt wie eine zweite Brautwerbung; dabei wird der Vermittler Fließ mehr und mehr ersetzt durch die »reine Psychologie«. Das Werk beginnt Freud zu sagen, was er sagen soll; durch das Werk seiner Psychologie werden ihm selbst Organisationsformen deutlich, nach denen er sein Leben zu organisieren beginnt. Er entdeckt nicht nur die seelischen Herstellungsprozesse, sondern stellt in bestimmten Grenzen auch seinen Charakter her, mit dem er den veränderlichen Situationen in dieser Wirklichkeit gegenüber treten kann. Es gibt zu denken, daß sich beim Verfolgen der Lebensgeschichte von Sigmund Freud immer wieder Bilder einstellen, mit denen (jüdischchristliche) Mythen den menschlichen Lebensprozeß zu versinnlichen suchen – Ringen mit dem Engel, Opferungen, Zurückziehen in die Wüste, Auferstehungen.

Was Freud über die Mechanismen seelischer Herstellungsprozesse und über strukturierende Mythen wußte, wird am Musterbeispiel der Traumproduktionen dargelegt. An diesem scheinbar sinnlosen Phänomen deckt Freud »Schöpfungslieder« (Heinrich Heine) des Seelischen auf. Durch die Analyse des Traumprozesses rekonstruiert er einen seelischen Ablauf Schritt um Schritt, von seinen Anfängen in unbewußten Produktionsbedingungen her, auf dem Weg über uns vertrautere seelische Mechanismen, bis hin zu den seltsamen und befremdlichen Produktionen, die wir am Morgen fassen können. Das Wesentliche am Traum ist für Freud diese Produktionsform, nicht seine Inhalte; die Inhalte sind die gleichen wie in vielen anderen seelischen Gestaltungsformen.

Eine Traumdeutung verfolgt den Weg von einem »latenten« Sinn, der unbewußt gemacht wurde, zu einer »manifesten« Produktion, die scheinbar sinnlos ist. Vereinfachend verlegt Freud die Triebkraft der Traumbildung in einen unbewußten infantilen Wunsch, beispielsweise den Inzestwunsch des Ödipus. Solche Wünsche, von denen die infantile Organisationsschicht besessen ist, werden am Tag von unseren Kultivierungsansprüchen abgewehrt.

Mit Hilfe der dem Seelischen eigentümlichen Mechanismen wie Verschiebung oder Verdichtung hat der verpönte Wunsch oder »Gedanke«, wie Freud sagt, jedoch beim Träumen die Chance, in einen Produktionsprozeß zu geraten, der im Wechsel der Schichten seelischen Zusammenhang schöpferisch hervorbringt. Das ist keine einseitige Angelegenheit der infantilen Produktion; auch das Ich trägt seinerseits zu diesem Prozeß bei, indem es seine Kontrollen vermindert und allzu Deutliches entstellt. So geht der Prozeß weiter und kann schließlich dem verpönten Wunsch vorgaukeln, er werde (halluzinatorisch) »erfüllt«. Dadurch wird der Traum zum Hüter des Schlafes.

Kern der Traumform ist die »Traumarbeit«. Der Traum formt sich in einem Material aus, das sich bewegt nach den Regeln einer Bilderwirklichkeit, mit eigenen Mechanismen des Zusammenwirkens. Freud macht sich diese Produktionsart an der Malerei klar, die in ihrer Entwicklungsgeschichte ihre besondere Sprache herstellen mußte, um sich verständlich zu machen.

In bildhafter Darstellung arbeitet der Traum Zusammenhänge heraus: Logischer Zusammenhang wird als Gleichzeitigkeit und Nähe versinnlicht; Kausalbeziehungen durch Verwandlung eines Traumbildes in ein anderes. Gegensätze werden vernachlässigt oder durch Tausch und Umkehrung zum Ausdruck gebracht. Den uns vertrauten Relationen kommt der Mechanismus am nächsten, der die Ähnlichkeit von Gestalten, das »gleichwie«, herausrückt.

Sigmund Freud gibt der durch Kant wieder wachgerufenen Frage nach den Kategorien des Zusammenwirkens eine psychologische Wendung. Auch in diesem Sinne spricht er von einer »Umwertung«; Psychologie muß sich nicht mehr an die philosophischen Systeme anlehnen – sie stellt auf ihre Weise die Frage nach den Voraussetzungen unseres Umgangs mit der Wirklichkeit. Indem er den Weg der Traumbildung verfolgt, gelingt es Freud darüber hinaus, den »allerverwickeltsten Aufbau« des Traumes in einem Ablaufsmodell darzustellen. Es legt Schritt um Schritt dar, wie die verschiedenartigen Kategorien unserer Lebenswelt ineinanderwirken, um den kompletten Handlungskreis eines Traumes herzustellen.

Freud hat vor allem seine eigenen Träume gedeutet; er ging dabei den Weg von der entstellten und scheinbar sinnlosen Erinnerung, nach dem Aufwachen, zurück zu dem verdeckten Sinn, der einer Traumproduktion zugrunde liegt. Er erzählte dabei viel mehr von seinem eigenen Leben, als bei Psychologen bis dahin üblich war. Aber er erzählte nicht alles. So stellte er bei dem Schlüsseltraum von »Irma« heraus, es sei sein Wunsch gewesen, sich – und wohl auch den lieben Freund Fließ, der einen groben Fehler gemacht hatte – zu entschuldigen. Jahre später erklärte er einem seiner Anhänger, hinter diesem Traum stecke sexueller Größenwahn – es spielten drei Frauen eine Rolle, »und ich habe sie alle« (Brief an K. Abraham vom 9. Januar 1908).

Die Analyse der Träume durch Freud entsprach der Forderung des jüngeren Fichte: Für eine Traumdeutung braucht man ein Gesamtkonzept vom Seelischen. Die *Traumdeutung* wurde zu einem Jahrhundertwerk, weil sie einen Prototyp für seelische Produktionen überhaupt entwickelte. Dieser umschloß das Zusammenwirken von Prozessen, mit denen sich die Bewußtseinspsychologie bisher beschäftigt hatte, und Prozessen, von denen die Psychologie bis dahin nichts zu fassen vermochte. Freud hatte Gesetze seelischen Zusammenwirkens aufgedeckt, die er selbst in ihrer Bedeutung für einen neuen Blick auf die Welt noch unterschätzte. Daran hinderten ihn alte Klassifikationen der Psychologie, die er übernahm, und das Mißtrauen gegen seine eigenen Neigungen zur Spekulation.

Sigmund Freud empörte sich immer wieder selbst gegen die eigene Spekulation. Das hinderte ihn aber nicht, von seinem Prototyp der Traumarbeit aus die Geschichte der verschiedenartigen seelischen Produktionen zu verfolgen. Er befragte die verschiedenen Organisationsformen der seelischen Entwicklung genauer: Welche Arbeiten oder Schöpfungen werden da ausgeführt? Warum wenden wir uns von bestimmten Tätigkeiten ab, und warum entstellen wir sie, wenn sie wieder zum Ausdruck kommen wollen? Warum bieten sich diese Formen überhaupt in dieser oder jener Situation an? Freud kann nicht mehr aufhören, so zu fragen – die Psychologie hat ihn vereinnahmt.

In seinen »Abhandlungen« zur Sexualität entdeckt er, wie sich unsere kultivierteren Produktionen von unseren infantilen Tätigkeiten abwenden, weil sie »stinken«. Wenn die gesäuberten Produktionen allerdings »versagen«, ziehen wir unsere Befriedigung wieder aus den einfachen Vorformen. Vom Standpunkt unserer Kultivierung aus erscheint uns das dann als eine »Perversion«; unterdrücken wir deren Angebot zur Befriedigung, handeln wir uns eine Neurose ein.

Wenn wir der Geschichte unserer verschiedenartigen Tätigkeitsformen, von Anfang an, nachgehen, entdecken wir, daß die sogenannte Sexualität »hochzusammengesetzt« ist. Zu Anfang der menschlichen Entwicklung bilden sich Produktionen aus, in denen sinnliches Material und Tätigkeiten untrennbar zusammenwirken: Einsaugen, Matschen, Prozesse der Einverleibung, Bestimmen und Bestimmtwerden, Ausleiden und gewaltsam etwas Zufügen, mit stinkendem Schmutz und Ordnungszwängen zu tun haben.

Die frühen Herstellungsprozesse, in denen die Menschenkinder ihre Wirklichkeit zu verstehen und zu behandeln suchen, kreisen in sich (autoerotisch); sie wirken nebeneinander, ohne sich bereits in die Ordnung eines Ganzen einzufügen. Freud vermutete, eine Unruhe treibe uns an (»Trieb an sich«) und gewinne an bestimmten Stellen des Körpers, um die sich Tätigkeiten kristallisieren können, eine praktikable Gestalt, eine Instrumentierung: Daher nennt er die Produktionen oral- oder analsadistisch.

Zu einer Strukturierung des Ganzen kommt es erst nach Jahren – die Strukturierung stellt sich her vermöge der Aufgaben, die der Mythos vom Ödipus mit sich bringt. Dieser »endopsychische« Konflikt unterwirft die seelische Entwicklung einem unmöglichen Begehren – für Freud entkam kein Mensch dem Zwang, in seinem Tun und Lassen damit zurechtzukommen. Was hier an Liebessehnsucht und Haß produziert wurde, blieb notwendig unvollkommen – das bestimmte die Struktur des Seelenbetriebs im ganzen.

Angesichts einer solchen psychologischen Zergliederung war es nicht mehr möglich, von einem (sogenannten) Geschlechtstrieb zu reden. Die Oberherrschaft der Genitalzone wird durch die Kultur hergestellt; sie sucht auch die Inzestwünsche zu zerstören, indem sie mit Liebesentzug droht (Kastration; Tod). Freud fragt sich, durch welche Entwicklung wird »aus dem anders beanlagten Kind« der Träger, und teilweise auch das Opfer, der mühsam errungenen Kultur. Er sucht hierzu immer wieder Analogien in den wechselnden Verhältnissen des seelischen Lebens auf. In der Traum-Analyse hatte er das seelische Werk im Ablauf weniger Minuten verfolgt; Analogien zu dieser Produktion erforschte er, indem er Entwicklungsphasen und Strukturierungsprozesse, wie den Ödipus-Komplex, ebenfalls als Bildungen und Umbildungen zergliederte – das waren aber Wirkungseinheiten, die sich über Jahre ausdehnten.

Der Ödipus-Mythos, durch den sich das Seelische ausformt, ist nichts Fertiges, er ist ein Spannungsfeld und ein Übergangsprozeß. Durch Druck und Gegendruck, die er mit sich bringt, bilden sich verschiedene Lebensformen aus: Tendenzen können unbewußt gemacht werden, als kunstvolle Kompromisse stellen sich Neurosen her, mit den Formen des Witzes lassen sich entlastende Atempausen in die Seelenarbeit bringen. »Ein vorbewußter Gedanke wird (beim Witz) für einen Moment der unbewußten Bearbeitung überlassen und deren Ergebnis alsbald von bewußter Wahrnehmung erfaßt.« Wieder verfolgt Freud den aktuellen Ablauf der Witzproduktion und analog dazu die Entwicklungsgeschichte des Witzes.

Analog ist für ihn auch, wie das Schicksal des einzelnen Menschen funktioniert und wie sich die Seelengeschichte ganzer Kulturen ausbildet. Die Art und Weise, in der er sein Leben durch den Tyrannen Psychologie betreiben läßt, gibt Sigmund Freud nicht nur Halt gegenüber den Wechselfällen des Schicksals; sie macht ihn auch zum Historiker der Seelen- und Kulturgeschichte. Auch die Kulturen sind kunstvolle Dichtungen, die unser Leben in der Wirklichkeit organisieren. In den Kulturen beleben sich ähnliche Problemkreise wie im seelischen Leben des einzelnen, also auch »Inhalte« wie das Ödipus-Drama. Im Austausch mit Befunden der Kultur- und Völkerpsychologie entdeckt

Freud einen Weg, noch näher an die »schwierig zu rekonstruierende Wirklichkeit« heranzukommen.

Nun erkennt er auch bei den »armen nackten Kannibalen« eine Art »System«; es hat besonders mit der Ambivalenz des Seelenbetriebs zu tun – Berührungslust und Berührungsangst, Versuchung und Vermeiden zugleich. Das wird durch Tabu-Gebote in eine geregelte Gestalt gebracht. Sie zu verletzen bringt »entsetzliche Schuldgefühle«, wie im Ödipus-Mythos. Da liegen die Erklärungen, die eine Psychologie braucht, die über verstreute Einzelheiten hinaus gehen will; sie liegen nicht in Angstgefühlen oder Dämonenglauben, wie Wilhelm Wundt meinte.

Analog zu unseren Neurosen wirkt sich in den Kulturschöpfungen das Ödipus-Drama als archaisch-historischer Rest aus. Auf dem Weg, den die Schöpfungen nehmen, bilden sie auch ihre eigenen »Theorien« aus, Animismus und (narzißtische) Allmachtvorstellungen.

Wieder entwickelt Freud, welche Abwandlungen sich aus diesen Einsichten ergeben. Unter der Perspektive einer Seelengeschichte gleicht die Hysterie dem Zerrbild einer Kunstschöpfung, die Zwangsneurose einem Zerrbild der Religion, der Allmacht-Wahn dem Zerrbild einer Philosophie.

Seine Arbeit an der Sache Psychologie bringt Freud immer wieder etwas für das eigene Leben. Er fühlt sich nicht mehr unzusammenhängenden Veränderungen ausgeliefert; durch seine Arbeit und durch seine Produktion hat er sich mit Ordnungen dieser schwierigen Wirklichkeit verbunden, sich in eine Einheit mit ihnen gestellt. Das prüft er ständig in neuen Gängen durch das seelische System ab: Lassen sich in seine Erklärungen des normalen Geschehens auch die pathologischen Befunde einordnen, hält er seine Spekulationen und seinen eigenen Aberglauben im Zaum, kann er Illusionen auflösen, versteht er, worin seine Angst vor dem Doppelgänger Tod begründet ist. Das wird dramatisch in der Auseinandersetzung mit den Anhängern und den Abtrünnigen seiner »Bewegung«, die sich nach der Jahrhundertwende zu bilden begann.

Es zentriert sich besonders um die Frage, welches Schicksal die Väter einer Kultur nehmen – oder auch die Väter einer Bewegung, wie Freud selbst. Nun verfolgt er den Ödipus-Mythos gleichsam aus dem Blick des verehrten und gemordeten Erzeugers. Freud schreibt eine Abhandlung, die ihm selbst eine der liebsten war, eine Analyse der Totemmahlzeit. Dabei handelt es sich um die Kommunion der Gläubigen mit ihrem Gott, bei dem ein Opfer verzehrt wird. Seltsamerweise folgen der Opfertat zugleich Trauer und Festesfreude, mit Enthemmung aller Triebe.

Freud sieht eine Analogie zwischen dem Opfertier und dem gemordeten (Ur-)Vater; das würde den Zusammenhang erklären. Ein gewalttätiger Vater will alle Frauen haben und die Söhne-Rivalen kastrieren. Damit setzt er eine Kultur-Ordnung. Aber die jüngere Generation rebelliert – eines Tages erschlagen die Söhne den Vater und verzehren ihn. Sie revoltieren – und äußern zugleich ihre Identität mit dem Vater der Kultur, sie stellen einen Zusammenhang miteinander her durch ein gemeinsames Verbrechen, eine gemeinsame Schuld und eine gemeinsame Heiligung des Toten. Seinen Übertragungen und Gestaltanalogien gemäß, spricht Freud konsequent davon, in der infantilen Entwicklung eines jeden Menschen kehre der (archaische) Totemismus wieder. Wir leben in einer phantastischen Realität.

Freud hatte seine Einwände gegen einen angeborenen Glauben an Mythen; er wollte ja Mythen und Dämonen auf eine psychologische Formel zurückführen. Alles geht hervor aus der unvollkommenen, widersprüchlichen, ambivalenten Konstruktion des Seelischen. Freud merkt nicht, daß er sich hier paradoxen Konzepten der modernen Physik nähert, in denen die einst verbannte Psyche sich wieder geltend macht. Er will Spekulation, Philosophie, Geist, Gott vermeiden, wenn er etwas zu erklären sucht. Er empört sich dagegen, gerade weil seine Sehnsucht auf ein System zielt. Sein Ausweg ist da eine historisierende Erklärung: Die archaische Situation, die Vorgeschichte der Menschheit vererbt sich von Geschlecht zu Geschlecht fort. In einem Manuskript, das er nicht veröffentlichen wollte, setzt er die verschiedenen Phasen der Menschheitsentwicklung zu den verschiedenen Neurosen, die sich im Seelischen entwickeln können, in Analogie. Was Freud hier unternahm, erinnert in mancher Hinsicht an den Versuch Picassos zu Beginn des 20. Jahrhunderts, verschiedenen Darstellungsformen der Kunstgeschichte in einem Bild zu vereinen.

Führer einer Bewegung

Was hatte Sigmund Freud von seiner Selbstanalyse? Welche Wendung gab das Psychologe-Werden seinem Leben? Er rauchte weiterhin zwanzig Zigarren am Tag, wußte jetzt aber warum. Er verordnete sich, wenn er auf seinem Stuhl hinter der Couch saß, acht Stunden Stillegung bei der Behandlung seiner Fälle, konnte dadurch jedoch seine Beobachtungen und Entwürfe vorantreiben. Er hatte einige Symptome weniger, und dazu verhalf ihm seine Einsicht in Zusammenhänge bei den Wechselfällen des Lebens. Mit der Angst vor Verrat, plötzlichem Verlust, vor Bestimmt-Werden und dem Tod, der alle Bindungen auflöst, kam er jedoch nicht zurecht.

Er half sich hier, indem er Ordnungen, Zwänge, Prinzipien in sein Leben brachte – er setzte Vorsicht und Konsequenz gegen plötzliche Umbrüche und Überfälle. Freud hatte einen festen Tagesplan, vom Aufstehen bis zum Schlafengehen. Darauf mußten sich die anderen einrichten: 7 Uhr Aufstehen, von 8-12 Uhr Patienten, 13 Uhr Essen und Spazierengehen, 15-21 Uhr Patienten; Abendessen und Kartenspielen, von 22 bis 1 Uhr Arbeit für die Psychoanalyse. Freud hielt sich an einen Wochenplan, und, soweit es ging, an ein Jahresprogramm. Darin waren auch seine Reservate, Spiele, Wanderungen, Erholungen und Antiquitätensammeln, eingeplant. Er schrieb nicht nur über den Witz, sondern er erfreute sich auch daran, Witze zu erzählen und sich wie auch andere durch witzige Kommentare zu behandeln. An Musik gewann er kein besonderes Interesse, aber Zeichnen hätte er gerne gelernt. Seine »bewußte Zielvorstellung« war nicht nur heilen, sondern lernen und Geld erwerben (an Carl Gustav Jung; 25. Januar 1909).

Ganz entscheidend wirkte sich jedoch die Selbstanalyse und die *Traumdeutung* für die Lebensentwicklung von Sigmund Freud aus, weil sie ihn zum Führer einer Bewegung machte. Die *Traumdeutung* fand zwar nicht den Absatz, den Freud erwartet hatte – in neun Jahren wurden nur sechshundert Exemplare verkauft. Aber sie verschaffte ihm doch Anhänger; er freute sich, als vier von ihnen 1902 anfragten, ob er sich regelmäßig mittwochs mit ihnen über die Psychoanalyse unterhalten wolle. Das verschaffte ihm eine Einheit, in der sich etwas bewirken und bewegen ließ, zum »Wohle der Menschheit«.

Bald kamen andere hinzu, in ein Raucherkollegium, in dem es, wie beim Soldatenkönig, männlich und rauh zuging. Es waren Ärzte, Verleger, Musikkritiker, Schullehrer, Schriftsteller; einige waren Patienten Freuds, andere durch Freunde geworben. Freuds Begriffssystem wurde zum Jargon und zum Angriffsinstrument, auch für die Anhänger untereinander: Zeigt eure Symptome, eure unbewußten Lüste, eure polymorphen Regungen – jede Fehlleistung wird zum Selbstverrat. Freuds Gedankengänge bestimmen die Bewegung, doch mit diesen Gebräuchen bestimmt die Bewegung auch ihn.

Das Verhältnis Herr und Knecht beginnt sich hier wieder einmal zu drehen; Sigmund Freud wird mehr verwickelt, als es ihm lieb ist. Er kann auch nicht verhindern, daß er unter Vollkommenheitsansprüche gestellt wird, unmenschlich perfekt soll er sein. Es fasziniert seine Anhänger, wie er Verwandlungsprozesse verfolgen und wie er Verwandlungen einleiten kann – er bringt ihnen Behandlungsmethoden auf einem Gebiet bei, auf dem es bisher nicht viel zu behandeln gab. Darin liegt für manchen Anhänger sogar das Schwergewicht der Psychoanalyse, und das unterstellt Freud bei seinen Anhängern wie bei seinen Gegnern noch stärker moralischen Forderungen nach dem Muster einer Heiligenlegende.

Indem Freud Führer einer »Bewegung« wird, nimmt seine Lebensgeschichte eine stabile Richtung: Vage Hoffnungen erfüllen sich, sein Gewinn an Psychologie und

Selbsterfahrung wird zur Gestaltungskraft, die andere an ihn bindet. Was er an eigenen Problemen ausgefochten hatte, kann er jetzt bei der Behandlung der Wirklichkeit da draußen wirksam machen. Das bringt ihn weg von Selbstquälerei, Zweifel, Angst zu versagen – er kann Feindliches, Freundliches, Gleichgesinntes jetzt gegenständlich und in anderen verkörpert angehen, anpacken, angreifen. (Der Schöpfer faßt sich im Umgang mit seinen Geschöpfen.) Daher schreibt er selbst seine Leistung mehr seinem »Charakter« – der sich im Strom der Welt entfaltet – als seinem Intellekt zu (Brief an Stefan Zweig; 7. Februar 1931).

Der kleine Junge mit seinen Wünschen nach einem seligen Zustand, den er gegen Unruhe und Todesleere behaupten mußte, hatte es geschafft, einen Gestaltungsprozeß einzuleiten, der es ihm gestattete, die Wirklichkeit in seinem Sinne zu behandeln. Er baute den seelischen Apparat um in einen »Apparat«, der nach draußen wirkte; Freud wurde auf seine Weise zum König, der seine Soldaten ausschickt. In seinem Aufsatz über die Totemmahlzeit hatte er dargestellt, wie der getötete Vater als Gott wieder aufersteht. Für die »mühsame« Arbeit, die er seinem Traum einer neuen Psychologie geopfert hat, erntet Freud jetzt etwas: Seine Erfahrungen stehen wieder auf in einer ganzen Bewegung – doch in dem Hin und Her der psychoanalytischen »Bewegung« wiederholen sich auch seine Probleme.

Als Freud fünfzig wird, setzen ihm seine Anhänger sein erstes Denkmal – sie verehren ihm eine Portrait-Plakette, die ihn als den Mann ausweist, der das Rätsel der Sphinx gelöst hat. Sein Vorname wird allerdings mit einem kleinen Fehler – Siegmund – in Bronze gegossen; die Fehlleistung läßt vermuten, daß es Freud widerstrebte, sich mit dem Vornamen anreden zu lassen. Seit 1902 war und blieb er für alle der »Professor«. Sowohl in den Mittwochsgesprächen, die seit 1906 protokolliert wurden, als auch in seinem Briefwechsel zeigt er sich als Meister; es ist erstaunlich, wie Freud in vielen Briefen mit geistreichen Kommentaren zum Thema Psychologie den anderen seine neue Sicht vor Augen stellt.

Er brachte alles konsequent auf sein System, selbst wenn seine Anhänger ihm mit Nietzsches »Genealogie« kommen. Da hebt er heraus, Nietzsche sei ein Asket gewesen, der seine unerfüllten Wünsche zum Ideal erhoben habe – übrigens kenne er ihn nicht; »ein gelegentlicher Versuch ihn zu lesen, sei an einem Übermaß an Interesse (!) erstickt«. Und er erzählt jetzt wie selbstverständlich die Genealogie seines eigenen Gedankens, die Neurose sei aus infantil Sexuellem abzuleiten. Nietzsche habe Infantilismus und Verschiebung nicht erkannt (Protokoll 1. April 1908).

Freud mußte bis ans Ende seines Lebens erfahren, daß selbst seine Anhänger die »Freudsche« Psychologie mißverstanden. Immer wieder beschäftigt er sich damit zu erklären, wie er es gemeint hat. Was er unter Sexualität versteht, läßt sich nicht von der erwachsenen Sexualität her deuten. Die Kindheit erscheint unschuldig, weil wir unsere polymorph-perversen Produktionen unbewußt gemacht haben. Neurosen sind keine Krankheiten, die von außen kommen, sondern sie sind Verkehrungen normaler seelischer Prozesse. Ohne Einfälle, nur von »Symbolen« her, läßt sich kein Traum deuten. Daß die Liebe siegen und Feindliches abwehren will, rechtfertigt noch nicht, von einem eigenen Machttrieb zu sprechen.

Freuds Ziele ähneln den Zielen der europäischen Aufklärung. Doch Freud leitet eine zweite Aufklärung ein; er zeigt ihre Nachtseite, und er stellt fest, daß mit Appellen an die Vernunft und den freien Willen nichts zu machen ist. Selbst seine eigenen Behandlungen sind gescheitert, wie im Fall der jungen Dora, wenn er versuchte, direkt auf seine Patienten einzuwirken. Nur wenn die unbewußten Lebensbilder selbst sich zu bewegen beginnen, kann sich etwas ändern; daß der Therapeut etwas weiß und es dem Patienten erzählt, bewegt die unbewußt gemachten Prozesse nicht.

Das gilt auch für die Behandlung seiner »Bewegung« durch Freud. Freud versinkt nicht in seinem Verein, er betreibt Psychologie für ihn. Er behandelt die Probleme seiner Anhänger, indem er neue Versionen seiner Psychologie entwirft. Er versucht, ihnen etwas von seiner Wut zur Synthese zu vermitteln; doch er rückt auch heraus, daß noch vieles vage und fragmentarisch ist. Freud schreibt seine Bücher als Begleithefte und als Werbung für seine Bewegung. Er veranstaltet Kongresse, er gründet mehrere Zeitschriften, er bestärkt und beschwört damit den Zusammenhang einer inzwischen »internationalen« Bewegung – als Einheit und Gemeinschaft von Getreuen. Zugleich gibt er damit besonders herausragenden Anhängern wie Alfred Adler, Wilhelm Stekel, Carl Gustav Jung etwas in die Hand, das sie leiten können. Doch auch Freud kann damit nicht behandeln, was an unbewußten Prozessen in Gang kommt, die von seiner Führungslinie abweichen.

Noch nicht einmal zehn Jahre hält sich die Einheit der Bewegung, man kann auch sagen, die Einheit der neuen Familie, die sich um Freud gebildet hatte. Er ist Vorbild für die anderen geworden, das bleibt er ihnen auch; aber in allen Punkten wollen sie dem Vater nicht folgen. Mehr und mehr stellt sich für Freud die Frage, wieweit er das ertragen kann, wann ist der Punkt erreicht, an dem die Gefahr des Wechsels ihn zwingt, etwas zu tun. Freud fällt es schwer, etwas auszuhalten, das an Todeswünsche, Verrat oder Wegnehmen erinnert. Da kann er sich allenfalls noch wehren, indem er von »fremd« oder »unverständlich« spricht. Was ihm nach Verrat aussieht bei Adler, Stekel, Jung, geht darüber hinaus – er kann damit nicht leben, er ergreift die Initiative, er will der Gefahr zuvorkommen und schließt die Ungetreuen aus.

Dabei war Alfred Adler einer seiner ersten Anhänger, genauso wie Stekel; in Carl Gustav Jung sah Freud sogar den Nachfolger von Wilhelm Fließ und den Kronprinzen, in dem er und seine Bewegung weiterleben würden. Freud ging auf die sechzig zu, als er seinen Lebensverhältnissen eine Wendung gab, die ein Entweder-Oder fixierte. Er war schwach und stark zugleich, als er sein Handeln nach der Maxime ausrichtete, wer nicht für mich ist, ist gegen mich.

Es hatte so gut angefangen; Freud hatte die »Besten« angelockt und durch seine Psychologie bezaubert, sowohl die »Wiener Bande« als auch Schweizer und Engländer. Nun versuchen ihm die weniger »braven« Anhänger systemfremde Gedanken aufzuzwingen. Solch einen Wechsel, der ihn von außen zu bestimmen sucht, erträgt er nicht. Das ist der Punkt, wo es ihm zuviel wird – der scheue, liebebedürftige und empfindsame Junge in ihm hatte seine Seele zu sehr aus dem Fenster gelehnt, sich zu sehr in der Wirkungseinheit mit seiner Bewegung verwickeln und von ihr bestimmen lassen.

Was Freud als Abfall und Treuebruch, Verrat erlebt, belebt Zustände seiner Kindheit wieder – Angst, verlassen oder abgeschafft zu werden und auch seinerseits Verrat zu üben oder umzubringen. Er wehrt sich mit all den Mitteln, mit denen ein Besessener sich verteidigt; er hetzt gegen die Abtrünnigen, die ihn enttäuschten, er verfolgt sie mit Wut und Haß, unversöhnlich und nachtragend. Freud konnte immer schon hart und ätzend charakterisieren; aber jetzt schmäht er die Wechselbälger, intrigiert gegen sie, verhält sich so, wie man es von Politikern erwartet. Selbst als der alte Stekel nach langen Jahren bei dem alten Freud auf Versöhnung hofft, erhält er eine Antwort, in der abgerechnet wird. Nicht wissenschaftliche Differenzen, sondern Stekels Charakter habe das Zusammenarbeiten unmöglich gemacht; er habe ihn »in garstiger Weise« hintergangen. Da Stekel sich nicht ändern werde, könne auch ihr Verhältnis nicht anders werden (Brief vom 13. Januar 1924).

Freuds Tempelreinigung wirkt, als wolle der (Ur-)Vater dem Getötetwerden durch Töten zuvorkommen, als wolle er nicht, daß Kritik und Umgestaltung, Empörung gegen eine Utopie von jemand anderem und nicht von ihm selbst ausgehe. Freud schreibt wiederholt eine Geschichte der Bewegung, in der er abrechnet: Adler mordete die Liebe, Jung wurde zum Mystiker – Gründe genug, an seiner historisierenden Erklärung der Wiederkehr archaischer Verhältnisse festzuhalten. Nur nichts erklären mit einem überirdischen »Geist« oder mit »Illusionen«. Freud bricht eine Schriftenreihe zur »Metapsychologie« ab, die er für die Bewegung schreiben wollte. Es ist nicht nur eine Bestrafung – und eine Selbstbestrafung –, sondern auch eine Vorsichtsmaßnahme gegen den Vorwurf, er spekuliere und sei nicht wissenschaftlich-empirisch. Aus der »Metapsychologie« wird eine *Einführung* (1916), mit der er die Braven bestärkt und um neue Anhänger wirbt.

Zum Schutz gegen einen künftigen, überraschenden Wechsel bilden einige Getreue ein Komitee; Freud stimmt zu und belohnt die Männer mit goldenen Ringen. Was nicht hindert, daß zehn Jahre später auch einer von ihnen, Otto Rank, zum Abweichler wird; das erträgt Freud dann schon anders. Einen noch bedeutsameren Schutz bilden jedoch die Überlegungen, mit denen Freud den Aufruhr in der Bewegung und bei ihrem Führer zu bewältigen und zu behandeln sucht: die »Einführung des Narzißmus«.

Freud sprach nicht mehr mit den Verrätern, als habe er sie wirklich hingerichtet. Doch er ging nicht so weit, dasselbe auch mit ihren Gedanken und Anregungen zu tun; er setzte sich damit auseinander und fügte sie in sein System ein. Führen und Geführt-Werden, das ist eins der Grundverhältnisse, die die menschliche Entwicklung prägen. Führer und Geführte verwickeln sich notwendig in ein System von Konsequenzen, Begrenzungen und Zerstörungen – in Wirkungszusammenhänge, für die es keine perfekten Lösungen gibt.

Wie das von seiten der Söhne und von seiten des Vaters aussieht, hatte Freud anhand der Totemmahlzeit dargestellt. Mit der Einführung eines seelischen Narzißmus erweitert er seine Sexual-Theorie, indem er bei den Problemen einer Bewegung mehr die Seite des Führers berücksichtigt. Das setzt er fort in Überlegungen zur Massenpsychologie und in einem Buch über den Religionsstifter Moses.

In seiner Beschreibung des Narzißmus – auch das ist wieder ein gelebter Mythos – bezieht Freud sich ausdrücklich auf die »Schöpfungslieder« von Heinrich Heine; für ihn selbst bringt die Narzißmus-Arbeit eine Art Selbstgenuß an der eigenen Entdecker-Sprache mit sich. Unter Narzißmus versteht Freud einen ganzheitlichen Urzustand, in dem es, ambivalent, nach verschiedenen Seiten zugleich gärt. Ähnlich hatten die Ganzheitspsychologen von Komplexqualitäten gesprochen – die waren aber nicht »Freudianisch« gemeint, nicht libidinös, nicht inhaltlich-dramatisch genug.

Anhand des (inhaltlichen) Bildes eines Narzißmus rekonstruiert Freud, welche Dramatik ein seliger, libidinöser Zustand in sich birgt; seine Gefährdung hat er ja gerade wieder einmal erfahren. Frauen und Katzen werden Freud zum Beispiel für diesen seligen Zustand, für ein Ganzes, das sich selbst liebt. Wie geht das? Freud entwirft jetzt eine totale Theorie von Sexualität – auch die in sich zusammenhängenden Formen des Ichs gründen in frühen Zuständen von Lieben und Geliebtwerden. Die Sehnsucht nach dem Ganzen ist zugleich da mit dem Nebeneinander der polymorphen Tendenzen. Wieder spricht Freud über das Hin und Her, das alle Phänomene, die wir antreffen, auf ein kompliziertes Zusammenwirken zurückführt.

Auch der Narzißmus bewegt sich nach mehreren Seiten. Es ist ein seliger und zugleich ein kranker Zustand; mal ist es notwendig, aus der ursprünglichen Einheit heraus zu gehen, ein andermal, sich wieder darauf zurückzuziehen. Krankheit, Langeweile, Unruhe erscheinen als Schöpfungsgrund – der Narzißmus durchformt das Nebeneinander als eine »gestaltende Aktion«. Der Narzißmus ist ein Vor-Bild, und er ist eine in Wandlungen wiederkehrende Aktion. Größenwahn ist keine Neuschöpfung, sondern geht zurück auf den ursprünglichen Zustand vor der Sonderung in Ich und Objekt.

Der narzißtische Zustand ist ein Muster vor dem Ödipus-Muster, ein Strukturierungsprozeß, der in Abwandlungen »wiederaufgerichtet wird«. Unsere Allmachtwünsche kehren wieder in den Idealen, denen zuliebe wir uns einem Zwang unterwerfen; das Wechselhafte des narzißtischen Zustandes ruft Verwandlungen hervor. Unsere eigene Allmacht können wir auf andere, etwa einen Führer, verschieben. Unter dem Gesichtspunkt einer Massenpsychologie wird der Führer jedoch auch seinerseits in eine verwickelte Lage gebracht. Freud erinnert sich, daß Sehnsucht, mit der ein Kind nichts anderes anzufangen weiß, in Angst verwandelt wird; er greift auf, daß die Formen der Liebe zueinander in Konkurrenz treten können und daß einer der Ausgänge dieser Konkurrenz der Wahn ist, bei dem sich das Seelische aus den Bindungen an die Welt löst.

Wie Freud hier dem Ich »libidinöse« Qualitäten zuerkennt, so hatte er schon vorher dem Ich unbewußte Prozesse zugewiesen. Vom Narzißmus her deckte er zudem noch ein Ich im Ich auf: Ein Ich-Ideal, später Über-Ich. Mit der Einführung des Narzißmus kommen frühe Zustände in den Blick, die bisher für Freud verloren waren. Ein neues Konzept beginnt sich zu kristallisieren, in dem die Wendigkeit des Seelischen besonderes Gewicht gewinnt; die Bewegungen des Ich hin zu oder weg von den anderen seelischen Prozessen werden zum Drehpunkt.

Mit Hilfe dieses »Ichs« rettet Freud die Liebe zu sich selbst vor seiner Liebe zu den Männern, die ihn verraten haben. Er nimmt nicht nur Frauen als Beispiel für einen Zustand, von dem die Entwicklung eines »Ichs« ausgeht –

er wendet sich jetzt auch Frauen in seiner Bewegung zu, zunächst Lou Andreas-Salomé. Die schätzt er besonders, weil sie eine der Frauen ist, von der Männer sich verstanden fühlen, Nietzsche und Rilke; sie geht auch nicht zu ihrem Freund Adler über, sondern bleibt bei dem »Professor«. Demgegenüber schlägt er die Bitte von Sandor Ferenczi ab, ihn einer intimeren Männerfreundschaft zu würdigen. Das homosexuelle Kapitel sei für ihn erledigt, meint Freud.

Mit der Einführung des Narzißmus beginnt Freud sein System umzugestalten; er verdeutlicht, daß sich in jeder einzelnen Handlung ein anderer Prozeß, ein Strukturierungsprozeß mitbewegt: Ein Muster, ein Mythos, eine »historische Wahrheit«, die sich wiederholt. Es dauert einige Zeit, bis er spürt, daß Wiederholung nicht nur eine Art von Wiederauferstehung ist. In der Wiederholung ist etwas am Werk, das unser Leben nicht weitergehen läßt; in der Wiederholung steckt auch etwas Zerstörerisches, sie bringt den Tod für neue Lieben. Auch Wiederholen ist eine Behandlung, die zwei Seiten hat.

Leben als Schachspiel

Freud schafft die Kurve; mit sechzig ist er dabei, sein System umzubilden, seine Bewegung neu zu ordnen, und zugleich gibt er eine »Einführung« in das konstant Gehaltene. Als er seine Einführungs-Vorlesungen hält, ist der Erste Weltkrieg in Gang. Freud fühlte sich zu Beginn des Krieges wieder deutsch-national, wie dreißig Jahre zuvor. Er verstand erst allmählich, in welche Umwälzungen die europäische Kultur geriet.

Weltkrieg und die Nachkriegszeit bewirkten einen radikalen Einschnitt zwischen einer »Welt von gestern« (Stefan Zweig) und einer Welt, die einer Inflation von Lebensbildern zueilte, dem Nihilismus, den Nietzsche vorhersah. Bei Ausbruch des Krieges steigerte sich der Nationalismus der Europäer noch einmal zu einem vereinheitlichenden Bild. Der Krieg versprach den Intellektuellen, der Jugend, den Sozialisten genauso wie dem Militär ein »inneres Erlebnis«. Doch der Krieg zermürbte die einen; während die anderen, durch den Versailler Vertrag und die Richtungslosigkeit der Weimarer Republik bestärkt, auf Revanche und ein Drittes Reich hofften.

Die Nachkriegszeit beseitigte keineswegs die Not des Krieges. Hunger, Bürgerkrieg, eine tödliche Grippewelle, Inflation. Für Freud bedeutete der Krieg Hunger, Sorge, Isolierung; die Nachkriegszeit brachte ihm Schmerz: Die Lieblingstochter Sophie starb in Hamburg an der Grippe und hinterließ zwei Kinder, Ernst und Heiner. Das Geld, das er erworben hatte, wurde von Tag zu Tag wertloser.

Stabil in dem Ganzen blieb der Haushalt, um den sich seine Frau Martha und ihre Schwester Minna seit Jahren kümmerten. Seit zwanzig Jahren lebte er monogam mit zwei Frauen; das erinnert an Martha und Maria in der Bibel. Ihnen überließ er die Ordnung im Haus, die sein Tagesschema nicht gefährdete. Dafür besorgte er das Geld, auch von den Amerikanern, die er wegen ihrer Heuchelei, Geldgier und Kulturlosigkeit verachtete.

Ohne die liebevolle Sorge der beiden Frauen hätte Freud sein Pensum nicht schaffen können. Er war empfindlich gegen Abhängigkeiten; aber den beiden Frauen fühlte er sich nicht ausgeliefert, seine Abhängigkeit war selbstgewollt – um seiner Arbeit und seines Systems willen. Sonst achtete er jedoch sehr auf sein Bestimmen-Können. Er wollte nicht von Medizinern und Medizinen passiv gemacht werden, er wollte nicht von seinen Schülern auf die Couch gelegt werden, die glaubten, man müsse sein Zigarrenrauchen, als unnormalen Zwang, weganalysieren. Er blieb auch dabei, Einkünfte außer der Reihe in Antiquitäten anzulegen, – das war ein Narzißmus mit Kultur, den er sich nicht nehmen ließ.

Freuds Leben und Werk bietet Gelegenheit, über das Wirken des Zufalls in der Geschichte nachzudenken: Die verpaßte Kokain-Entdeckung, der Fall Anna O., die Wirkungseinheit mit Fließ und Carl Gustav Jung, der »Verrat« in der Bewegung, der lange Weltkrieg. Das hatte der Meister des Wechsels immer wieder in Wendungen seines Lebenswerks einbezogen. Als sich das Haus im Ersten Weltkrieg leerte – die Töchter waren verheiratet, die Söhne wurden eingezogen, die Besucher blieben aus –, bahnte sich eine enge Bindung zwischen dem Vater und der einzigen Tochter an, die zu Hause geblieben war. Er gewann Anna für seine Psychoanalyse, und sie wurde seine Stütze, ohne die er in den letzten Jahren nicht überlebt hätte.

Freud dramatisiert seine Lage in der Zeit des Weltkriegs und in der Nachkriegszeit mit Klagen, mit Bescheidenheit, mit Witz. Aber er tut auch etwas: Er sorgt für Verpflegungspakete, er regelt ihre Verteilung, er streitet sich mit dem Zoll, er hamstert und teilt ein, wie Josef in Ägypten.

Als habe der harte Schlag gegen die Verräter und gegen den abtrünnigen Kronprinzen Jung ihn schmiegsamer gemacht: Freud erträgt mehr, er findet neue Wendungen, mit Veränderungen umzugehen. Sowohl in seinem Leben als auch bei der Ausgestaltung seines Werkes.

Er wird »philosophischer«, auch in der Art, sein Leben zu führen; er versteht besser, mit Frauen umzugehen. In Anna findet er die Liebe, die der alte König wünscht und braucht. Der Tod ist für Freud nicht mehr ein abergläubischer, gespenstischer Zwangsgedanke; er beginnt, ihn zu verstehen als einen, der mitwirkt und mitgestaltet in der menschlichen Welt. Er bezieht ihn in sein System ein, ändert dadurch noch einmal sein Konzept.

Dankbar nimmt Freud nach dem Krieg die Hilfe seiner »internationalen« Bewegung an; die Feindschaft zwischen den Völkern hat die Bewegung nicht zerrissen. Ein reicher Patient gab Freud Geld für einen »Internationalen Psychoanalytischen Verlag«. Die holländischen Analytiker luden die hungernden Verlierer des Krieges in ihr Land ein und päppelten sie etwas auf. Ihre Behandlung seelischer Kriegs-Probleme verschaffte der »Freudschen« Psychologie mehr Anerkennung im Inland und Ausland als bisher.

Der Wiederaufbau der »Bewegung« ging schneller voran als der Wiederaufbau in Deutschland und Österreich. Freud verbesserte sein Englisch durch einen Lehrer; schließlich war seine Behandlung ja eine Behandlung »nur durch Worte«. Die Amerikaner brachten die Devisen, aber er fand immer noch Gründe, über sie zu schimpfen, und wenn es nur über ihre Aussprache des Englischen war. Ernster war der Anlaß für die Klage, man werfe seiner Psychologie vor, sie trage Schuld an der Auflockerung der Sitten in den zwanziger Jahren; das wurde ihm später besonders von den Nationalsozialisten zugeschoben.

Es war wieder ein neues Werk, mit dem Freud sich aus der Nachkriegsdepression herausarbeitete: *Jenseits des Lustprinzips*. Nach einem langen Umweg gestattete er sich jetzt wieder seine Philosophie. Seine kühnen Überlegungen beunruhigten die Anhänger; das ist ein Grund für die Sentenz, nicht seine Schüler seien von ihm, sondern er sei von seinen Schülern abgefallen. Noch sechzig Jahre später glaubte Anna Freud, das *Jenseits* entschuldigen zu müssen – das sei keine klinische Untersuchung.

Beim Narzißmus hatte sich Freud mit der Ganzheit, die sich selbst liebt, beschäftigt – Ganzheit als erotischer Zusammenhang –; doch diese Ganzheit muß ihr In-Sich-Ruhen notwendig zerstören, wenn sie mit der widerspruchsvollen Wirklichkeit drinnen und draußen zurande kommen will. Zerstörung und Umbildung sind lebensnotwendig; Freud geht damit bei seiner Rekonstruktion der »Schöpfungslieder« über die Phänomene von Lust und Unlust hinaus. Er schreibt sich selbst zu, er sei fähig, sich auf die Wandlungen der Wirklichkeit einzulassen.

Jenseits des Lustprinzips: Alles, was sich neu gebildet hat und nun seine Ruhe haben will, enthüllt sich als etwas, das den Tod in sich trägt. Die »Triebe«, die dem Seelischen zunächst Gestalt geben, wehren sich gegen weitere Entwicklungen, sie wiederholen sich selbst und töten damit andere Lebensmöglichkeiten. Gefühle wie Lust oder Unlust erklären seelisches Wirken nicht ausreichend genug; man muß tiefer blicken – Formen des Eros gegen Formen des Thanatos, Formen des Sich-Abhebens gegen Formen des Gleichmachens. Gestalt als neue Bindung ist zugleich Gestalt als Zerstörung. Das sind die Wirkungsmächte, die Gefühle und Leidenschaften bestimmen. Freuds frühe Verhältnisse, der Wechsel von lebendig und tot, finden hier eine späte Fassung.

Das Konzept vom Kampf der Mächte Eros und Thanatos war nicht nur eine Folge der Erfahrungen des Weltkriegs, seiner Aggressionen, seines Tötens. Es folgt vielmehr einer Theorie der Geschichts-Bildungen. Das Frühere, das zunächst Form-Gewordene ist der Feind des Gegenwärtigen, die künftige Generation ist der Gegner des Herkommens. Auch wenn es draußen nichts zu kämpfen gibt, der Kampf zwischen dem Gestalt-Gewordenen und der Weiterentwicklung und Kultivierung neuer Lebens-Gestalten hat kein Ende; damit auch nicht die mühevolle Arbeit des Ichs, das wir in unserer Entwicklung hergestellt haben. Beide Gewalten behandeln unsere Lage in der Wirklichkeit; auch Wiederholung kann eine produktive Bearbeitung sein.

In Freuds eigenem Leben spielte sich auch eine solche Bearbeitung ab, als er sich auf eine Analyse seiner Tochter Anna einließ. Eine Analyse von Familienangehörigen verstieß gegen die Regeln der Psychoanalyse, doch Freud hielt das für notwendig, damit sie ein richtiger »Freudscher« Analytiker werde. Das Wirken von Anna Freud hat seine geheime Hoffnung bestätigt, er und seine Psychologie würden in ihr weiterleben.

Für Freud sind Liebe und Tod universale »Gewalten«. Zwischen ihnen bilden sich individuelle Organisationsformen aus – und werden wieder gleichgemacht. Da läßt sich jetzt die Angst unterbringen; Freud hatte sie zunächst als Verwandlung gestaltloser Sexualität verstanden. Nun bringt er sie mit dem Reizschutz der individuell sich abhebenden Organisationsformen zusammen. Denn das Weltall will jedes Individuelle (todes-)gleichmachen. Dagegen wehrt sich die individuelle Organisation: sie macht Angst zum Signal, das (unbewußte) Abwehrmechanismen in Gang setzt. Jede Art von Gleichmachen gefährdet unsere uneinheitliche Einheit. (Das könnte vielleicht psychologisch verständlich machen, was Spinoza gemeint hat.)

Liebe und Tod wirken in allen diesseitigen Organisationsprozessen zusammen. Wir wissen nichts von diesen Mischungen des Zusammenbindens und Destruierens, nichts vom Wirken des Todes in der Liebe, nichts von der Liebe als Todesweg. Die Analyse kann dem aber nachgehen, indem sie das Zusammenwirken der Strukturierungsprozesse verfolgt, die Freud 1923 unter den Stichworten der »Instanzen« von Es, Ich und Über-Ich aufeinander bezieht. Er verfolgt das Sich-Mischen und Entmischen durch einen Perspektivenwechsel: Mal sieht er das Ich vom Es aus, mal das Es in seiner Umgestaltung durch das Ich; dann wieder beide zusammen aus der Sicht des Ich-Ideals, das er jetzt zum Über-Ich gemacht hat. Durch eine sehr bewegliche Synthese – oder Rotation – der widersprüchlichen Strukturierungsprozesse des Seelischen kann sich der ganze Betrieb erhalten, dem universalen wie dem partiellen Gleichmachen zum Trotz.

Freud stellt dar, was die Instanzen für einander bedeuten, für einander tun – und wie sie das machen: Durch Umwandlung, durch Einverleibung, durch Übertragung, durch Zerstörung. Damit wird zugleich auch sichtbar, wie sie einander einschränken, umfunktionieren und, nicht zuletzt, als unvollkommen erweisen.

Das seelische Leben ist widersprüchlich und muß doch einen Zusammenhang bilden. Da läßt sich nichts vollkommen durchsetzen, alles geht nur unvollkommen seinen

Weg. In verschiedenen Richtungen bleiben wir immer etwas schuldig. Freud erweitert die Schuld, die das Ödipus-Drama mit sich brachte, zu einem Grundproblem aller Produktionsprozesse von seelischen Gebilden. Bei allen Strukturierungsprozessen drängt etwas über das hinaus, was wir als »Realität« zustande bringen können – dadurch verbleiben Reste, Schuld, Unbehagen. Sie bleiben stets Motive unseres Tuns.

Freud expliziert dieses Produktionsproblem am *Unbehagen in der Kultur* (1930). Eine Kultur, die in allem perfekt ist, kann es gar nicht geben. Eine Kultur, die alles Triebhafte zuläßt, zerstört sich selbst; doch eine Kultur, die alle Trieb-Lust abwürgt, schafft es auch nicht. Was der einen Seite gegeben wird, entsteht auf der anderen Seite als Schuld; ob wir den Vater morden oder ob wir den Mord verdrängen, beides wirkt gleich, ist unvollkommen, bringt Schuld mit sich. Egal, wo eine Kultur weiterzukommen sucht, es bleibt immer ein Unbehagen. Religionen sind ein »illusionärer« Versuch, die Lage erträglicher zu machen.

Die Produktivität von Sigmund Freud in den zwanziger Jahren ist überaus erstaunlich. Denn 1923 wiederholt sich eine schreckliche Konstellation. Ein Krebsgeschwulst im Mund macht ihm bewußt, daß der Tod nun wirklich bevorsteht; die Ärzte geben ihm nur noch fünf Jahre. Völlig unvorbereitet erhält seine Familie die Nachricht, jemand solle ihn im Wartezimmer eines Kieferchirurgen abholen; da sitzt er blutend auf einem Stuhl. Freud hat oft geklagt; jetzt handelt er still für sich, er kann mit einem Gegner, den er lokalisieren kann, kämpfen. Er hält 31 Operationen durch. Er ärgert sich aber darüber, daß die anderen ihn über seinen Zustand zu betrügen suchen, das ist Verrat.

Schon die zweite Operation war radikal: Sie entfernte den größeren Teil des rechten Oberkiefers, einen beträchtlichen Teil des Unterkiefers, des rechten weichen Gaumens, der Backen- und Zungenschleimhaut, der Unterkiefer- und Jagulardrüsen. Für diese Wunde gab es keine ideale Prothese; das »Resultat war ein Leben endloser Qual«. »Essen, Rauchen und Reden war nur mit großer Anstrengung und unter Schmerzen möglich.« (Notizen von Prof. Pichler und Dr. Schur)

1923 stirbt auch sein kleiner Enkel Heiner, der zweite Sohn seiner toten Lieblingstochter. Die Trauer um seine Tochter belebt sich, dem Weiterleben in einer neuen Generation ist nicht zu trauen. Er hat »nie Schwereres erlebt«. So verwundbar in seiner Liebe will Freud nie mehr sein; er will nie wieder ein Kind so lieben. Er panzert sich so, daß sein ältester Enkel sich vor ihm ängstigt.

1923 bahnt sich zudem wieder ein Abfall von Freud und seiner Psychologie an. Otto Rank, Träger des Treue-Ringes, propagiert als grundlegende Erklärung das »Trauma der Geburt« und Nietzsches »Willen zur Macht«. Das geht gegen Freuds Kernkomplex, das Ödipus-Drama. Diesmal möchte Freud um den scharfen Trennschnitt herumkommen; er tritt nicht wie der Gottvater auf, den seine Feinde und auch manche Anhänger in ihm sehen. Er greift sogar den Gedanken Ranks, die Mutter-Kind-Einheit sei der Kern aller Produktionsprobleme des Seelischen, in seinen eigenen Texten auf. Vielleicht deshalb, weil er nun auch über bisher verdeckte eigene Kindheitsverhältnisse sprechen kann.

Seine Lage wirkt auf den 67jährigen wie eine Wiederholung alter Wechselverhältnisse. Doch die Antwort darauf ist anders als bisher. »Eine Kruste von Unempfindlichkeit« schützt ihn. Er entsagt vielem, gibt sich selber aber eine zuvor nie erlaubte Freiheit von Tun und Lassen. Das nutzt er und schreibt eine ganze Reihe metapsychologischer Überlegungen – bis an sein Lebensende. Freud hilft jetzt, daß die Tochter Anna ihm entschlossen zur Seite steht, in seinem persönlichen Leben wie in seiner Bewegung. Wenn auch das Weiterleben der Bewegung nicht in festen Händen zu sein scheint, auf sie kann er sich verlassen. Er macht sich Sorgen, daß sie keinen Mann findet – doch er weiß insgeheim wohl auch, daß sie nicht von ihm weggehen wird.

Freud ist etwas geworden, einer der großen Konquistadoren der Menschheit, das gibt ihm Halt. Jung gegenüber hatte er sich einst als Moses charakterisiert, der das gelobte Land gesehen habe, es aber nicht betreten werde. Nun ist er schwer verwundet – und doch wird er seelisch so frei, daß er sich noch 16 Jahre in dem neuen Land aufhalten kann, wenn oft auch unter großen Leiden und Schmerzen.

Sigmund Freud beginnt sein Leben zu leben wie ein guter Schachspieler: Mit mehreren Figuren, die bestimmte Wirkungskreise haben, und mit einer Hauptfigur läßt er sich auf den Wechsel ein, der da kommen wird. Er sucht ihn zu behandeln, so gut es jeweils mit der einen oder anderen Figur geht – Vertreibung und Exil eingeschlossen.

Das unvermeidliche Ineinander von Liebe und Tod, das Recht des individuellen Ganzen, das Unvollkommene und das Schuldig-Werden angesichts widersprüchlicher Strukturierungsprozesse, der Perspektivenwechsel bei der »Ich-Analyse« – dieses Konzept sieht aus wie eine sich selbst erfüllende Prophetie für das Leben von Sigmund Freud bis zu seinem Tod in London. Er lebt weiter für seine Hauptfigur – die »Freudsche« Lehre und Bewegung – ; dafür hofft er auf einen Nobelpreis. Und er lebt auch aus seiner Lehre, er fühlt sich im Recht, und er nimmt kein Blatt vor den Mund. Aber er will nicht mehr alle gewinnen, nicht alle zum Dafür oder Dagegen zwingen, nicht um ihre Liebe werben und sich auch nicht dazu zwingen, sie zu lieben.

Die zweite Figur seines Schachspiels ist ihm seine Freiheit, das reicht weit. Frei werden von den immer unerträglicheren Schmerzen, mit der ganzen Familie frei sein von Not, im Wohlstand bleiben, nicht eingeengt und bedrängt werden von Nutznießern und den Judenfeinden aus Deutschland. Freiheit haben für seine Reservate; er will sich zurückziehen können, wann er will, er will seine Neigungen und Abneigungen ungeschminkt zum Ausdruck bringen können, er will auf sein Spekulieren nicht mehr verzichten. Dazu gehört, daß er sich seine besten Freunde aussuchen und das »Gesindel« verachten kann. Nun kann er sich selbst auch seine leidenschaftlichen, launischen, weichen und liebesbedürftigen Sprünge erlauben. In seinen Antiquitäten kann er viele Wirklichkeiten dieser Welt sinnlich vergegenwärtigen und anfassen.

Er ist der »Meister«, Vorbild und Legende. Umgeben von einer Schar der Getreuen, die ihm unliebsame Geschäfte abnehmen und sich ohne häßliche Kritik um ihn kümmern (wenn er es will). Dazu zählen mehr und mehr die Frauen seiner Bewegung. Sie sind zum Teil bei ihm in Lehranalyse, mit allen Vorteilen und Nachteilen der Übertragung infantiler Liebes- und Haß-Muster. Freud kann mit Frauen zwangloser umgehen, so sehr, daß die Apostel der ersten und die Gehilfen der zweiten Generation von Gefolgsmännern dem entgegenarbeiten möchten. Er stellt Fotos von Lou, Yvette Guilbert und Marie Bonaparte in sein Arbeitszimmer.

Freud macht die Züge seines Schachspiels mit wechselnden Figuren. So wirkt er groß in »großen Entscheidungen«; er ist weise und liebenswürdig, doch er kann auch distanziert und abweisend sein. Sein Humor und sein Witz blühen wieder auf – weil zahlreiche Haß-Artikel gegen ihn erscheinen, stellt er befriedigt fest, »daß die Aufrichtigkeit noch nicht ganz aus der Welt verschwunden ist«. Aber er läßt auch seine Wut, seinen Ärger heraus. Wenn er lange genug lebte, würde er alle »Illusionen« von Religion und Philosophie zertrümmern, mit Sarkasmus und Ironie am »Gesindel« Rache üben. Freud bringt ein Spiel auf den Weg zwischen Entsagen, wie es Goethes »Wilhelm Meister« übte, und seinen Versuchen, die vielfältige Empörung des Lebens gegen den Tod im Denken und Handeln freizusetzen.

Im Zentrum seines Glücks und seiner Verletzbarkeit bleibt jedoch als Hauptfigur immer seine Psychologie. Ihr zuliebe beantwortet Freud die »Frage der Laienanalyse« mit der Feststellung, Psychologie sei etwas anderes als Medizin, und nur Psychologen hätten das angemessene Verständnis für die Landschaft der Seele, deren Tiefen und Höhen er entdeckt habe: Weil die sich mit unserer Wirkungswelt beschäftigen – und nicht mit »Fußwurzel-Knochen«, »Hirnnervenfasern«, »Serumreaktionen«. Das ist »unser Buch«, meinte Anna Freud im Hinblick auf die Psychoanalytische Psychologie. Für seine Auffassung nahm Freud sogar in Kauf, daß es bei der Frage der Laienanalyse in seiner Internationalen Bewegung noch einmal zu heftigen Auseinandersetzungen kam.

Es ist schon ein hoher Genuß für den kranken Mann,

wenn er Probleme, die sich den Menschen immer wieder stellen, mit den Begriffen seines eigenen »Freudschen« Systems verständlich machen kann. Daß der Tod unseren Allmachtwahn trifft, daß in der Melancholie eine Verrechnung von Schuld am Werk ist, daß ödipale Verhältnisse kulturell umgewandelt und in Maßverhältnissen »verinnerlicht« werden.

Freud will diesen Umgang mit der Wirklichkeit als eine »Wissenschaft« nach Art der französischen oder englischen Aufklärer sehen. Er glaubt, damit entsage er der Metaphysik; doch auch seine Enthaltung nimmt Stellung: Sie hält das »Parterre« für unverzichtbar bei allen Entwicklungen der Kultur, läßt das Obere jedoch in der Schwebe.

Trotz aller Distanz gegenüber dem Gesindel packt Freud immer wieder psychologisch-verständnisvolles Mitleid mit den Menschen, die sich um etwas Trost und Glück mühen. Immer wieder verspürt er auch das seltsame und paradoxe Prinzip, das Goethe in dem Aufsatz über die »Natur« am Werk sah: »Man sieht die Neigung zu einer Art von Pantheismus, in dem den Welterscheinungen ein unerforschliches, unbedingtes, humoristisches, sich selbst widersprechendes Wesen zum Grunde gedacht ist, und mag als Spiel, dem es bitterer Ernst ist, gar wohl gelten.« Das letzte Buch, das Freud las, war ein Balzac – *Die tödlichen Wünsche*.

In seinem Briefwechsel mit Lou Andreas-Salomé, Arnold Zweig und dem Pfarrer Oskar Pfister stellt Freud dar, wie ihn das Hin und Her des Entsagens und Freisetzens tief bewegt. In mancher Hinsicht erinnern seine Überlegungen an die damals aufkommende Existenzphilosophie. In seinen Briefen an die »liebe Lou« Andreas-Salomé und den »Meister« Arnold Zweig schreibt er vieles, »was ich gegen andere zurückgehalten hätte« (an Arnold Zweig 13. Juni 1935). Die beiden spüren, wie »Vater« Freud gerne behandelt würde: Mit viel Liebes-Dank, aber ohne Heuchelei; mit viel Verstehen-Können, aber ohne Nachbeten. Dafür teilt er ihnen mit, wie er sich fühlt, was ihm paßt oder nicht, wie er sich und andere einschätzt: Er hat noch »so viel« Genußfähigkeit, er hat seinen Ärger, seine »verhaltene Wut«. Auch den beiden Freunden gegenüber hält er nicht damit zurück, wenn er anderer Meinung ist. Kein Beschwichtigen, auch nicht gegenüber denen, die er »schätzt und liebt«.

An Stefan Zweigs Freud-Darstellung (als »Heiler«) bemängelt der 75jährige, das Kleinbürgerlich-Korrekte sei allzu ausschließlich betont. Das sei doch etwas komplizierter – er verweist auf sein Arbeitsmartyrium, seine Reiselust, seine Sammelleidenschaft, seine Opfer dabei.

Freud will kein Mensch sein, der das Lob des Alters singt – dazu sind seine Schmerzen durch Krankheit und Operationen zu groß. Wochenlange Schmerzen machen ihn »grantig«. Das Wegmachen von kranken, neubefallenen Teilen des Gaumens und Kiefers zwingen ihm unleidliche Arbeitspausen auf. Er hat Probleme mit den Prothesen; täglich muß die Mundhöhle gesäubert werden. Zu seiner Behandlung wird ein eigener Raum in der Berggasse eingerichtet. Freuds Pflege, die Arbeit einer Mitarbeiterin, welche immer verfügbar ist, übernimmt mehr und mehr Anna Freud. Er wird immer abhängiger von ihr und sagt das auch.

Nicht nur das Sprechen, auch das Reisen wird ihm schwerer. Doch dafür kommen seine Freunde und Bekannten zu ihm. Zu ihnen zählen Thomas Mann, Stefan Zweig und Arnold Zweig, Romain Roland, die Königsfamilie von Griechenland; seit 1929 notiert sich Freud wichtige Begegnungen und Ereignisse in einem Kalendarium. Ein Film, den das Ehepaar Brunswick aufnimmt, zeigt einen gutmütigen, den Betrieb um sich herum geduldig ertragenden, alten Herrn, umgeben von einem kleinen Hofstaat. In eins seiner Bücher schreibt er eine Widmung für Mussolini, in ein anderes eine für den russischen Regisseur Sergej Eisenstein.

Toleranz legt sich nahe, wenn man sieht, wie unentrinnbar alles im Leben ist. Das bedeutet für Freud aber nicht, damit seien Freunde und Feinde gleichgestellt. Er erfreute sich damit, eine Haßliste anzulegen; er fühlt sich nicht verpflichtet, alle Menschen zu lieben, noch nicht einmal seine (zahlenden) Patienten; Behandeln ist keine Liebestätigkeit. Dieser Auffassung wollen selbst Apostel wie Ferenczi nicht folgen.

Als Freud achtzig wurde, bereiteten die Menschen, die ihn liebten, ihm eine außergewöhnliche Feier. 200 Persönlichkeiten, die man heute als VIPs bezeichnet hätte, schickten ihm eine Dankadresse; Thomas Mann und Ludwig Binswanger hielten in Freuds Sommerwohnung Festansprachen. Die Ansprache Binswangers gefiel Freud nicht, und er sagte ihm das auch klipp und klar. Anna Freud trug das Binswanger noch nach, als sie selbst schon achtzig geworden war. Die vielen Glückwünsche machten dem alten Mann Probleme; denn er hielt sich für verpflichtet, sie zu beantworten. Er mußte sich vor sich selbst entschuldigen, daß er in seinem Alter nicht mehr so korrekt sein konnte.

1933 veröffentlichte Freud eine *Neue Folge der Vorlesungen zur Einführung in die Psychoanalyse*. Er entschuldigte sich, diese Vorlesungen niemals gehalten zu haben; »eine chirurgische Operation hatte mich als Redner unmöglich gemacht«. Mit geraden und klaren Strichen stellt er sein System dar. Er berichtet über Revisionen, die er selbst vorgenommen habe, wendet sich gegen Mißverständnisse, macht aber keine Kompromisse.

In einem eigenen Kapitel beschäftigt er sich mit der »Weiblichkeit«, sicher beeinflußt durch die Frauen, die für ihn und auch für die Bewegung eine immer größere Rolle spielten. Sich bei ihnen einzuschmeicheln, hat Freud jedoch nicht im Sinn. Er spricht über die präödipale Mutterbindung. Sie beginnt mit vielen Versuchen, Liebestätigkeiten der Mutter gegenüber zum Ausdruck zu bringen – das geht jedoch bei Mädchen wegen ihrer vermeintlichen Benachteiligung mehr und mehr in Haß gegen die Mutter über. Eher nebenbei spricht er davon, daß sei auch beim Knaben der Fall. Freuds Mutter ist 1930 gestorben, und es sieht so aus, als könne der alte Mann jetzt auch über die ambivalenten Verhältnisse seiner frühen Kindheit sprechen.

Bei Jungen hält sich der Haß gegen die Mutter nicht; er lebt den Ödipus-Mythos, und dadurch ist seine Liebe zur Mutter nicht zu erschüttern. Bei Mädchen ist das anders. Sie machen die Mutter für ihre Kastration verantwortlich; das bereitet den Übergang zu der Liebe vor, die sie dann ihrem Vater entgegenbringen. Bei Jungen wie bei Mädchen ergeben sich aus diesen frühen Wendungen verschiedene Möglichkeiten, ihr Schicksal auszugestalten.

Freud steht konsequent zu dem System der Psychologie, das er entwickelt hat. Er verteidigt den Anspruch der Psychologie mitzureden, wenn über Wirklichkeit geredet wird. Im Grunde gibt es nur zwei Wissenschaften, die Psychologie und die Naturkunde. Konsequent bleibt Freud aber auch bei seinen Aussagen über die »historische Wahrheit« vom Weiterleben der seelischen Urzeit in uns allen; und das

Begehren der Mutter und die Kastrationsdrohungen haben wirklich etwas mit dem Penis zu tun, das ist nicht nur symbolisch zu verstehen.

Freud wendet sich in den Neuen Vorlesungen gegen eine falsch verstandene Relativitätstheorie; es sei »anarchistisch« und nihilistisch, auch die wissenschaftliche Wahrheit als eine Illusion zu verstehen – nach dem Motto, alles sei gleich wahr und gleich falsch. Freud zweifelt nicht daran, daß die Wissenschaft etwas über die »reale Außenwelt« aussagen kann. Daran hält er fest, und doch wird auch er selbst in den Abhandlungen, die er nach den Vorlesungen schrieb, »anarchistisch«.

Als empöre er sich wieder einmal selbst gegen ein System, das alles gerade denkt, weist er hin auf »Konstruktionen in der Analyse«, auf Setzungen, die mit dem Verhältnis von Endlichem und Unendlichem bei einer Analyse zusammenhängen. Er entdeckt im Abwehrvorgang des Ichs selbst eigentümliche Spaltungen. Wir wissen noch nicht einmal, ob die frühen Erfahrungen, die die Analyse aufdeckt, nur halluzinatorischen Charakter haben. Wir leben in Paradoxien: Der Mensch ist unmoralischer und moralischer als er weiß; es gibt unbewußte Schuldgefühle; die Kinder wollen ihre Eltern sein.

Das hebt Freuds Vertrauen auf die wissenschaftliche Wahrheit nicht auf – sich entschieden festzulegen, ist genauso unvermeidlich, wie sich einzulassen auf »anarchistische« Produktionsprozesse. Er bezeichnet vereinfachend das »Es« als dunklen Teil der Wirklichkeit, als Chaos, als »brodelnden Kessel«. Er spricht von »verschwimmenden Farbfeldern« des Seelischen, wie in der modernen Malerei. Daraus erwächst aber alles weitere.

Doch scheute er davor zurück, diese Zusammenhänge auf den Nenner zu bringen, das Seelische sei paradox. Er merkte schon, vieles sei im Fluß, verwickelt und schwer faßbar; manche einfache Formeln hätten sich später als unzureichend erwiesen. Aber die Wirklichkeit des Seelischen bewegt zu sehen zwischen Sein und Schein, so weit geht es nicht, höchstens bis zu einem »Urtrauma«. Die seelischen Formen gehen aus einem »Urtrauma« hervor, bei dem Wiederholungszwang und die Gegenwehr gegen den Wiederholungszwang – Entwicklungs- und Umgestaltungsprozesse – miteinander ringen. Für den achtzigjährigen Freud bleibt vieles in Bewegung.

Für ihn hörte auch in den letzten Lebensjahren die Arbeit an seiner Psychologie nicht auf. Trotz der Krankheit und trotz der geschichtlichen Veränderungen, die sich in der Machtergreifung der Nationalsozialisten ankündigte. 1933 konnte keiner mehr daran zweifeln, daß die Nationalsozialisten der Psychoanalytischen Bewegung feindlich gesinnt waren. Bereits im Mai, als sie noch symbolisch ihre Feinde vernichteten, verbrannten sie auch Freuds Bücher. Wie das weitergehen mußte, ließ sich in der *Massenpsychologie des Faschismus* von Wilhelm Reich nachlesen, in der dieser die Gedanken Freuds über Führer und Masse auf die NS-Bewegung bezog; Freud selbst hatte den Bolschewismus in Rußland einer ähnlichen Analyse unterzogen.

Freuds Anhänger flohen aus Deutschland, Juden und auch einige Nichtjuden. Bald begannen auch die Österreicher darüber nachzudenken, wie lange ihr Land noch sicher vor dem Zugriff der neuen Herren in Deutschland sein würde. Freud sah nicht gern, daß seine Anhänger in die Emigration gingen; er fühlte sich verlassen. Er verhielt sich, als wolle er vergessen, was er über die Vernichtungstendenz, den Todestrieb der Menschen wußte, die sich für die »Reinen« halten. Er hoffte, der konservative Dollfuß könne die bestehende Ordnung in Österreich erhalten. Denn Freud lebte in dieser Ordnung; er lebte ein halbes Jahrhundert in der Berggasse, nach seinem Schema, mit seinen Büchern und Sammlungen. Das hatte ihm ermöglicht, als Neuerer zu wirken, seine Bewegung zu formen, seine Art von Lebensgenuß zu erreichen. Und das sollte jetzt anders werden? Freud fürchtete, er werde hilflos – wie sollte ein Mann über achtzig noch einmal anderswo beginnen?

Das Zögern, das unentschiedene Schwanken, die Klagen sind jedoch zu Ende, als Hitler in Wien einmarschiert und begeistert empfangen wird. Da ist Freud wirklich der Mann der Legende. Er ist entschieden in seiner Haltung: Sein Selbstmord würde denen passen, das kommt nicht in Frage. Sein Galgenhumor ist wieder da – man möchte sagen, der Narzißmus eines Aufklärers gegen den Rassenwahn des Nazismus.

Allerdings wird seine Gelassenheit hart auf die Probe gestellt, als die Gestapo am 22. März 1938 Anna Freud abholt. Die Angst, endgültig verlassen zu sein, überfällt den alten Mann, aber er handelt, und es gelingt ihm mit Hilfe ausländischer Freunde, Anna aus der Haft zu befreien. Nun zögert er nicht mehr, die Ausreise seiner Familie nach England zu betreiben. Der amerikanische Botschafter in Frankreich, dem er bei einem Buch über den amerikanischen Präsidenten Wilson geholfen hat, die Prinzessin von Griechenland, vielleicht auch Mussolini, bedrängen die deutsche Regierung. Freud muß sein beschlagnahmtes Eigentum freikaufen, die Prinzessin von Griechenland kauft seine Sammlung, seine ganze Zimmereinrichtung und sorgt dafür, daß sie nach England gelangen.

Sigmund Freud muß ein Schriftstück unterschreiben, daß ihn die Gestapo gut behandelt habe. Die Anekdote erzählt, er habe darunter geschrieben, wie das bei Zeugnissen für gute Dienste üblich ist, er könne die Gestapo weiterempfehlen. Anna Freud sagte jedoch, er habe nur gemeint, so etwas könne man darunter schreiben.

Am 4. Juni reist Freud über Paris nach England; Ende September bezieht er ein eigenes Haus in Marsfield Gardens. Es gefällt ihm so gut, daß er sagt, dafür müsse er Hitler eigentlich danken. Ihm bleibt noch ein Jahr; während dieser Zeit empfängt er nicht nur viele Besucher, sondern auch einige Monate lang drei Patienten. In London erlebt er »zum ersten Mal, was Berühmtsein heißt« (an Alexander Freud 22. Juni 1938).

Um die Mitte des Jahres wird die Krankheit so schlimm, daß keine Behandlung mehr gegen Eiter und Schmerzen hilft. Mit dem Arzt Dr. Schur und seiner Tochter hatte Freud vereinbart, sie sollten ihm den Tod erleichtern, wenn es unerträglich werde. Er erlebt noch, daß England, seine neue Heimat, in den Krieg gegen die Deutschen eintritt. Am 23. September 1939 stirbt Sigmund Freud.

Vierzig Jahre zuvor hatte er an Fließ geschrieben, bei allen Wandlungen und Umwandlungen bleibe der Kern der Psychoanalyse unerschüttert. Dabei blieb Freud auch, als er in den letzten Jahren an einem Buch über den *Mann Moses und die monotheistische Religion* schrieb (Amsterdam, 1939). Zu Beginn des Ersten Weltkriegs hatte er die Moses-Statue des Michelangelo als ein Denkmal interpretiert, in dem sich der Sieg eines Kultivierungsprozesses über die uns bewegenden, aber unbeherrschten Leidenschaften verkörpere. In der späten Arbeit über Moses stellt Freud fest, daß der Mann Moses es vermochte, ein ganzes Volk neu zu schaffen: »Der Jude ist eine Schöpfung des Mannes Moses.«

Für Freud war Moses kein Jude, sondern ein vornehmer Ägypter, ein Anhänger des Königs Echnaton. Nach dem Tode des Königs brach dessen monotheistische Religion zusammen. Da beschloß der »hochstrebende Ehrgeizige«, der seine Hoffnungen verloren hatte, sich ein neues Volk zu schaffen. »Er ließ sich zu dem semitischen Stamm herab«, wurde ihr Führer, gab ihm seine vergeistigte Religion, »und führte als Ausdruck der Heiligung wie als Mittel zur Absonderung die Beschneidung bei ihnen ein.« Moses wählte ein Material, aus dem er ein neues Volk herstellen konnte.

Aber das neue Volk vertrug den anspruchsvollen Glauben nicht; es erschlug Moses. Auf seinen Wanderungen übernahm es die Verehrung eines Vulkangottes, der auf dem Berge Sinai hauste. Doch die Mosesreligion war nicht tot, sie verschmolz auf dunkle Weise mit diesem Vulkangott Jahve: Im Laufe von Jahrhunderten wurde der primitive Gott zum Ebenbild des Mosesgottes gewandelt, seine Priester mit Moses, dem ermordeten Religionsschöpfer, identifiziert (Brief an Lou Andreas-Salomé vom 6. Januar 1935).

Freud schließt daraus, die Religionen »verdanken ihre zwingende Macht der Wiederkehr des Verdrängten, es sind Wiedererinnerungen von uralten, verschollenen, höchst effektvollen Vorgängen der Menschengeschichte«. Er bringt das auf die Formel, was die Religion stark mache, sei nicht ihre reale, sondern ihre historische Wahrheit.

In Freuds letztem Buch steht jedoch noch mehr als eine Formel über die Religion; es ist auch noch mehr am Werk als der Gedanke an Getötetwerden und Wiederauferstehung, in welchen Verwandlungen auch immer. Freud stellt hier den Inhalt des Verdrängten nicht allein als die Wiederkehr eines uralten, höchst effektvollen Vorgangs dar, sondern: Der Inhalt des Verdrängten ist hier eine Schöpfung, die Schöpfung einer Hochkultur, deren Ansprüche nicht ertragen werden. Auch sie gehört zu dem, was in der Menschheitsgeschichte in überraschenden Metamorphosen wiederkehrt. Auch wenn seine eigene, neue Aufklärung nicht die erwünschten Konsequenzen hatte, so konnte Freud doch Hoffnung in die Wiederholung setzen – was in der Geschichte neu herauskommt, kann die vergessene alte Wahrheit wiederbringen. Wie immer, hat Freud auch mit dem *Moses* über sich und sein Werk gesprochen, manieristisch und entschieden.

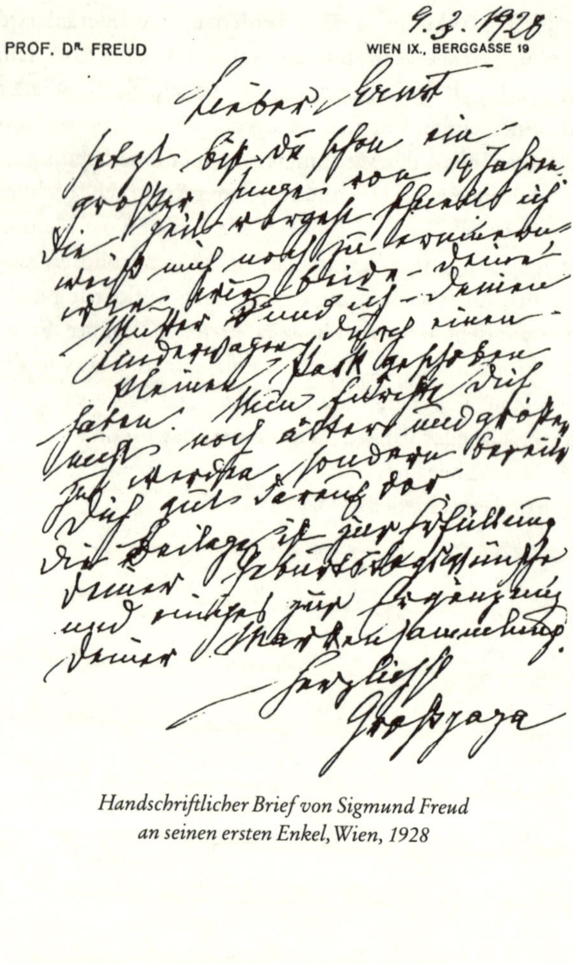
9.3.1928

PROF. Dr. FREUD

WIEN IX., BERGGASSE 19

Lieber Ernst

Handschriftlicher Brief von Sigmund Freud an seinen ersten Enkel, Wien, 1928

the most significant factor ~~was~~ is not the child's own suffering, nor the suffering and ~~upheaval~~ upset caused for the parents, nor his symptomatology, but the consequences of the disturbance for the processes of mental growth and development, consequences which range from slight interference with or delaying of development to its complete disruption or blocking. ~~standstill~~. It was this view of childhood psychopathology as a threat to normal development which led us to insist that all our workers and students should have the opportunity to learn as much about ~~normal~~ healthy children and their psychological growth as about ill children and their ~~pathological~~ symptoms. Only in this way

Aus einer handschriftlichen Notiz von Anna Freud zu »Wege und Irrwege in der Kinderentwicklung«, 1965

Anna Freud

Anna
Freud

Die Jüngste von sechsen

Der Verlag, der *Die Schriften der Anna Freud* in zehn Bänden herausgab, schickte Anna Freud dazu als Werbeplakat ein oft zitiertes Bild: Sigmund Freud auf der Wanderung mit seiner jüngsten Tochter Anna, in einem Dirndlkleid. Der Vater hat bereits einen weißen Bart; er lächelt ein bißchen mehr als auf den offiziellen Fotos. Anna ist einen halben Kopf kleiner, sie wirkt zierlich, etwas scheu und verträumt.

Als ich damals zu meiner »Stunde« bei ihr kam, war Anna Freud gerade dabei, diese Plakate in den Papierkorb zu werfen. So wollte sie sich nicht mehr dargestellt sehen, auf dieses schöne Klischee ließ sie sich nicht bringen. Denn nicht nur die Fotos der frühen Kindheit, vorher, zeigten ein anderes Bild – schon einige Jahre nach dieser Wanderung begann es sich zu wandeln in das Gesicht, »das sie verdient« und wie sie es sich selbst geschaffen hat. Anna Freud war mehr als des Vaters Tochter.

Sie wurde am 3. Dezember 1895 in Wien geboren. Fünf Geschwister, drei Jungen und zwei Mädchen, waren ihr vorausgegangen; sie ist die jüngste von sechsen. Das war ein anderer Start als bei dem Erstgeborenen Sigismund, hier wirkten andere Grundverhältnisse, ein anderes Familiensystem. Der Vater war etwas Besonderes, gerade auf dem Weg, eine neue Psychologie zu schaffen. Damals war er wenig abkömmlich für die Familie; zur Zeit der Geburt von Anna ist er schwanger mit dem »Entwurf einer Psychologie«, den er seinem Brieffreund Wilhelm Fließ übersendet. (Nach ihm wäre Anna benannt worden, wäre sie ein Junge gewesen.)

Sie hat eine Mutter, die weiß, wie das Leben mit Kindern vor sich geht; ihre Schwester Minna hilft ihr, die fünf Kinder und fünf Dienstboten in Ordnung zu halten. Die Freud-Familie nimmt eine geachtete Position in der Bürgerwelt Wiens ein; ihr Alltag, die Wohnungseinrichtung, das Auftreten entsprachen den bürgerlichen Maßstäben – in der Kinderstube wird nicht mit Psychoanalyse experimentiert, meint die Mutter. Sie hatte nicht Zeit, sich mehr um die kleine Anna zu kümmern als um das viele andere, das ihr kinderreicher Haushalt mit sich brachte. Hier gab es kein mal so und mal so, wie bei dem kleinen Sigismund, sondern eine in sich stabilisierte Organisation des Alltags.

Auch bei Anna Freud muß man das ganze Leben, über achtzig Jahre, in den Blick nehmen, wenn man ihre Kindheitsverhältnisse verstehen will. Das Nesthäkchen der Familie erobert sich seinen Platz zunächst als ein freches, unordentliches, schlimmes Kind, als ein »Teufelsmädchen«, wie sie es später bei einem ihrer Fälle beschrieb. Nur »an Geburtstagen bin ich meistens ein bißchen brav«. Auch im Alter noch war sie der »kleine Moritz«, der mit kaum verhohlener Freude aussprach, was sonst still gehalten wurde.

Die kleine Anna wollte es anders haben und anders machen, gegen den gewohnten Gang, – dazu hatte sie damals aber noch nicht viel einzusetzen, das mit den entwickelteren Verhaltensformen der älteren Geschwister zu konkurrieren vermochte. Also Abweichen, Unordentliches darstellen – das hatte aber in dieser Familie seine Grenzen.

Daher verwundert es nicht, wenn die schlimme Anna sich in eine brave, sozial angepaßte, erfolgreiche und sauber gekleidete Schülerin wandelt, die wegen ihrer Leistungen gelobt wird. Dazu trug bei, daß sie nun mehr und mehr mit den Geschwistern konkurrieren konnte; vor allem aber kam sie damit ihrem Vater näher, der entfernt vom Familien-Kleinkram in »den Höhen seines Olymps« thronte. Ihr Vater war ein »Professor«, er hatte eine Männergesellschaft um sich, die ihn bewunderte, er fuhr in das ferne Amerika, das ihn ehrte. Für einen solchen Vater lohnte es sich, etwas zu leisten und das Schlimmsein zu unterdrücken. Er konnte mit seiner Jüngsten zufrieden sein.

Auch die Mutter war mit dem »lieben« Schulkind zufrieden, so erinnerte sie sich; erst später sei da »Härte« herausgekommen. Das Schulkind konnte sich von der Mutter lösen, weil der Vater es anerkannte und weil Tante Minna auch so eine Art Mutter für sie war. Selbständig nahm sie die Schularbeit auf sich; damit kam sie weiter im Vergleich mit ihren Geschwistern, darin erfüllte sie auch eine Pflicht, die ihr etwas abverlangte. Der rechte Weg schien mit Pflichten und Opfern zu tun zu haben, nur dann konnte sie hoffen, etwas den Brüdern Ähnliches zu werden. Das Anders-Machen und Rebellieren mußte sich in die Schuldisziplin einpassen.

Als Anna mit sechzehn ihre »Reifeprüfung« machte, verspürte sie deutlich, daß das kein Weg gewesen war, der sie mit den männlichen Wesen gleichziehen ließ. Nur in ihren

Tagträumen konnte sie den Roman eines Jungen ausmalen, dem sie den Namen »Heinrich Mühsam« gab – »mühsam« erinnert an die Qualität, mit der Sigmund Freud seine Arbeit kennzeichnete. Daneben führte sie »schwarze Hefte«; das klingt wie ein Tagebuch der Melancholie. Später schrieb sie ihrer mütterlichen Freundin Lou Andreas-Salomé, sie habe auch »Schlagephantasien« gehabt. Das sind seelische Gebilde, in denen die unterdrückte andere Seite, das Rebellieren und die Wünsche nach einer umgestalteten Welt sich ausdrücken können.

Wenn Anna Freud Jahre später bei ihrem Vater in Analyse ist, stellt er die seelischen Zusammenhänge bei den Schlagephantasien in einer Abhandlung dar: *Ein Kind wird geschlagen.* Tagträume, wie die Schlagephantasien, sind keine beliebigen Hirngespinste. In ihnen werden Lebensprobleme behandelt, die im Alltag nicht ausreichend erledigt wurden. Bereits vor der Einschulung können sich bei Mädchen Phantasien um einen Knaben ranken, der geschlagen wird. Darin versteckt sich für Sigmund Freud eine Umwandlung des Ödipus-Komplexes: Das Mädchen will die Liebe des Vaters für sich allein haben – demgegenüber werden die Geschwister-Rivalen vom Vater gezüchtigt. Der geheime Sinn der Schlagephantasie ist: Der Vater liebt nur mich.

Für Freud war das Geschlagenwerden »ein Zusammentreffen von Schuldbewußtsein und Erotik; es ist nicht nur die Strafe für die verpönte genitale Beziehung, sondern auch der regressive Ersatz für sie ...« (1919). Seiner Auffassung nach wollen die Mädchen ihre weibliche Rolle verlassen, sie wollen nur Buben sein. Freud glaubte 1919 beweisen zu können, daß die Schlagephantasien und auch die anderen Perversionen aus dem Ödipus-Komplex ableitbar seien.

Ein Jahrzehnt später wies er jedoch darauf hin, daß der Wendung zum Vater bei den Mädchen eine Liebe zur Mutter vorausgegangen sei; die habe sich in Haß gewandelt, weil die Mädchen der Mutter die Schuld geben, sie nicht als Jungen auf die Welt gebracht zu haben. Es läßt sich vermuten, auch bei der Analyse seiner Tochter habe Freud einiges über diese Wandlung erfahren; das macht das gespannte Verhältnis zwischen Anna und ihrer Mutter nach der Pubertät verständlicher.

Mit sechzehn geriet Anna Freud in eine Krise; sie sah nicht, wie es weiterging. Ihre Opfer hatten sich nicht gelohnt. Ihre älteste Schwester, Mathilde, war verheiratet; nun heiratete auch ihre Schwester Sophie, die Lieblingstochter des Vaters. Sollte für Anna nur der übliche Weg für »höhere Töchter« bleiben, Lehrerin zu werden? An welchem Bild einer Weiterentwicklung sollte sie sich orientieren? Ihr Vater machte sich Sorgen um sie, über ihre gebeugte Haltung und über ihr Stricken. Das Stricken deuteten die Männer der »Bewegung« rüde als Ersatz für Sexualbetätigung; Freud selbst als Herstellen eines Vorhangs, der das Fehlen des Penis verdecken solle. Das hat aber nicht dazu geführt, daß seine Tochter die Penis-Geschichte in Frage stellte; auch bei der Analyse ihrer eigenen weiblichen Fälle stellt sie den Penis-Neid in Rechnung.

Der Vater suchte die Krise, die Verstimmungen, die Unruhe seiner Tochter durch Reisen zu behandeln. Er verschrieb ihr einen Aufenthalt in Meran. Er hoffte, Anna werde aus dieser Krise »vernünftig« und »verwandelt« zurückkommen; er rät ihr, zu faulenzen und das Leben zu genießen. Er verspricht ihr eine eigene Zimmereinrichtung und kommt selbst, sie abzuholen. Schließlich ist sie jetzt die einzige Tochter, die bei ihm bleibt; für ihn ist das eine »subjektive Bedingung« für sein Interesse am Thema der »Kästchenwahl« – der alte König Lear fragt sich, welche Tochter ihn am meisten liebe.

Anna Freud wird Lehrerin. 1914 legt sie das erste Lehrer-Examen ab. Zum Lohn für ihre Leistung darf sie nach England reisen, vierzehn Tage vor Ausbruch des Ersten Weltkrieges. Offensichtlich hatte sich ihr Vater nicht ausgemalt, welche Folgen die Ermordung des österreichischen Thronfolgers haben könne. Mit großer Mühe gelingt es Freud, sein Kind aus dem feindlichen England wieder nach Hause zu holen. Freunde aus seiner »Internationalen Bewegung« helfen ihm dabei.

Anna kommt in ein leeres Haus zurück. Die Schwestern sind verheiratet, die Brüder werden nach und nach zum Wehrdienst eingezogen. Die Jüngste ist jetzt die einzige geworden – sie ist in einer Situation, die die Wiederkehr ihrer kindlichen Wünsche begünstigen kann und die sie zugleich erproben läßt, ob sich die inzwischen erworbenen Disziplinierungsstrategien bewähren.

Für die zwanzigjährige Anna Freud eröffnet sich so eine Lebenssituation, die es ermöglicht, ihren Lebensentwurf noch einmal umzugestalten. Sie hat einen Beruf, aber der Vater unterhält sich mit ihr auf seinen Wanderungen auch schon seit einiger Zeit über die Psychoanalyse. Die Brüder hatten ihr Interesse nicht der Psychoanalyse zugewandt – die Männer der »Bewegung« blicken respektlos auf sie herab. In dieser Situation scheint die Kleinste, wie in einem Wunschtraum, doch die Auserwählte, die Einzige, die Größte werden zu können. Anna überstürzt nichts. Sie hält sich zurück, sie vermeidet Zuspitzungen, sie drängt niemanden in einen Konflikt. Sie bleibt fünf Jahre als Lehrerin in der Schule tätig.

Das Lehren in der Schule ist ein gutes Training für später, wenn sie anderen die Gedanken der Psychoanalyse näher zu bringen sucht. Umgekehrt helfen ihr die Gespräche mit dem Vater über die neue Psychologie der Kindheit bei ihrem Umgang mit den Schulkindern. Sie fesselte die Kinder durch Erzählungen und Spiele; doch sie ließ die Kinder auch »kommen«. Anna Freud arbeitet mit einem Hin und Her: Das Kindliche hat ein Recht, sich zu äußern – aber es muß auch umgewandelt werden. Für sie ist der Gedanke ihres Vaters wirksam, daß im Zentrum der seelischen Prozesse die Auseinandersetzung zwischen der »archaischen Erbschaft«, dem »Früheren«, mit den späteren Entwicklungsprozessen, der Kultivierung, steht. Im Umgang mit den Kindern kann Anna Freud auch ihr eigenes Kind-Sein wieder in Bewegung bringen. Dadurch gelingt es ihr im Unterricht, »das Fadeste lustig zu machen«.

Anna Freud ist nicht Lehrerin geblieben; sie ist das einzige von Freuds Kindern, das Psychologe wird und dem Vater in seiner psychoanalytischen Vereinigung so zur Seite steht, wie er das vielleicht von Jung erhofft hatte. Da liegt es nahe, an die Märchen zu denken, in denen der Jüngste König wird oder in denen das Mädchen, das mühsame Arbeit auf sich nimmt, die Hand des Königs gewinnt.

In den Märchen vom Jüngsten, der König wird, werden die sinnlich-materialen Grundverhältnisse eines menschlichen Entwicklungstypus dramatisiert, einmal durch den Zwang, einen Nachfolger zu wählen, zum anderen durch die ungewöhnliche Lösung von Aufgaben, die der König stellt, schließlich durch Wiederholungen und durch das

Austragen von Tätigkeiten, die andere verspotten, weil sie von ihren trägen Gewohnheiten abweichen. Nur durch den Mut zu Neuem und Ungewöhnlichem erreicht der Jüngste jedoch, daß sich unförmige »Kröten« in ersehnte und bewunderte Gestalten verwandeln.

Indem sie sich auf die Psychoanalyse des Vaters einläßt, kann Anna Freud ihre Neigung, es anders zu machen und anders zu werden, wieder beleben und ausgestalten. Sie setzt sich damit ab von den Gewohnheiten der Habsburger Kultur und auch der eigenen Familie; was sie tut, entspricht nicht den Auffassungen, die die Kultur ihrer Zeit und auch nicht die Männer der »Bewegung« Frauen gegenüber hegen. Die Entwicklung von Anna Freud bringt natürlich besonders ihre Familienverhältnisse in Bewegung – sie verändert die Position der Mutter und der Geschwister gegenüber dem Vater der Familie und setzt sich dadurch deren Kritik aus. In den Schlagephantasien deutet sich an, wie bereits die kleine Anna die Verhältnisse umstürzen will; dabei spielt das sich wandelnde Bild von Mädchen und Jungen in unserer Kultur eine wichtige Rolle.

Aber Anna Freud plagt sich auch, wie ihr »Heinrich Mühsam«, bei den Arbeiten, die der neue Weg mit sich bringt. Es ist ein Weg der Prüfungen, des Dienen- und Opfern-Müssens; sie muß mit dem fertig werden, was sie als Schuld verspürt, und sie muß das Rebellische immer wieder disziplinieren, wenn sie die Einheit der »Bewegung« ihres Vaters nicht gefährden will. Auf dem Weg, der sie zum Nachfolger macht, unterwirft sich Anna Freud ihr Leben lang der Pflicht; sie liebt die Geschichte von »Cyrano de Bergerac«, weil hier jemand aus Liebe zum Opfer bereit ist.

Ähnliche Grundverhältnisse können zu ganz verschiedenen Schicksalswegen für den einzelnen führen – zu Trotz, zu Spaltungen, zu Anklagen, zu Verwicklungen in Träumereien, zu Regressionen. Für Anna Freud ist charakteristisch, daß der Prüfungsweg, den sie aushält, nicht allein mit Hoffnungen auf Verwandlung verbunden ist – durch die Psychoanalyse und für sich selbst –; sie setzt auch ihre Arbeit daran, diese Verwandlungen in der materialen Wirklichkeit ihrer Zeit, in Wien und in London, zu realisieren. Nicht durch ein Wunder, sondern nur durch »mühsame« Tätigkeiten kann aus Krötenhaftem ein Königskind werden.

Dazu trägt bei, daß sich zwischen dem König und der Königstochter vielfach Gemeinsamkeiten ausbilden; die Umsturztendenzen des Jüngsten, der König wird, werden eingebunden, wenn er gemeinsam mit dem alten König um eine neue Ordnung kämpfen muß, und die Psychoanalytische Psychologie ist selber schon revolutionär genug. Die Gemeinsamkeiten verstärken sich noch, wenn der alte König erkrankt und er einen geliebten Nachfolger zum Mitregenten macht. Das ist der besondere Schicksalsweg, der der Entwicklung von Anna Freud eine neue Wendung gibt. Sie wird zum Rebell für den Vater. Doch das dauert seine Zeit.

Wie Härte zustandekommt

Zunächst einmal beginnt Anna Freud mit einer Analyse bei ihrem Vater. Bei seiner Selbstanalyse hatte Freud erkannt, daß psychologisches Verstehen, angesichts der unbewußten Prozesse des Seelischen, notwendig mit einer Analyse des

Psychologen selbst verbunden ist. Daraus wurde eine Regel bei der psychoanalytischen Ausbildung; denn es war Freud bald klar, daß seine Psychoanalyse einen eigenen Studiengang für Psychologen mit sich brachte. Zunächst war das noch nicht durch bürokratische Paragraphen festgelegt, sondern wurde frei verabredet.

Die eigenen Familienangehörigen zu analysieren, war jedoch nicht üblich. Das übertrug man einem anderen Analytiker; wobei es allerdings, selbst bei Freud, bisweilen Indiskretionen gab. Die Analyse der Tochter durch den Vater erregte Anstoß in der »Bewegung«.

Doch die beiden hinderte das nicht, die Analyse fortzusetzen und auch zu wiederholen. Die Analyse von Anna Freud begann im letzten Jahr des Ersten Weltkrieges, 1918, und dauerte drei Jahre – 1924 nahmen beide die Analyse noch einmal auf. In verdeckter Form hat Freud Einsichten, die er und Anna aus der Analyse gewannen, in seinen Schriften aufgegriffen. Er wollte sicher nicht, daß andere mehr über sein Familienleben erfuhren, als er selbst in der *Traumdeutung* preisgegeben hatte. Aber darauf verzichten, persönliche Erfahrungen zu verwerten, das wollte er nicht – das konnte er nicht.

Anna Freud besuchte die Vorlesungen und Seminare des Vaters, sie durfte auch an Veranstaltungen und Visiten seiner Kollegen und Schüler teilnehmen; sie half ihrem Vater als Sekretärin. Das machte sie bei den Brüdern und Aposteln der großen Freud-Familie, seiner Psychoanalytischen Bewegung, nicht beliebt. Anna kam aus dem Kampf mit »Geschwistern« nicht heraus. Die Analyse machte ihr vieles aus der Kindheit verständlich – zugleich konnte sie erleben, daß die alten Geschichten nicht erledigt waren, sondern auch im Alltag einer jungen Frau wieder zum Ausdruck kamen.

Lassen sich Männliches und Weibliches ineinander verwandeln? Kann das Kindliche noch eine andere Rolle spielen als bei einer Behandlung von Kindern durch Lehrer oder Analytiker? Anna Freud lernte, daß die Psychoanalyse keine neuen Menschen fabrizieren kann: Aber sie führt dem Menschen vor Augen, welche unbewußten Festlegungen ihm seine Freiheit nehmen, und erlaubt ihnen gegenüber neue Entscheidungen. Die jüngste Tochter wurde eine ausgezeichnete Schülerin ihres Vaters; sie lernte es, behutsam den Herstellungsprozessen des Seelischen und ihren Wandlungen nachzugehen. Dabei konnte sie das Kindliche noch in ganz anderer Weise »kommen lassen«, als sie es schon in der Schule getan hatte.

Anna Freuds Analyse ging in der Nachkriegszeit vor sich, in der die Menschen, die den Krieg verloren hatten, durch Not und Leid belastet waren. Doch in dieser Zeit bewährte sich auch, daß die Psychoanalytische »Bewegung« über die Ländergrenzen hinweg zusammenhielt; Sigmund Freuds Herrschaft über seine Bewegung wurde nicht angefochten, seine Anhänger aus dem Lager der Sieger unterstützten ihn. Das hatte Vorteile auch für Anna Freud, selbst bei der Behandlung ihrer Fälle. Die Brüder der alten Garde in Wien überwiesen ihr keine Patienten; ihren ersten Fall verdankte sie einer holländischen Freundin.

1922 wurde Anna Freud in die Psychoanalytische Vereinigung aufgenommen, nachdem sie einen Vortrag gehalten hatte über »Schlagephantasie und Tagtraum«. Bisher hatte sie nur »untätig« zugeschaut, nun muß sie reden: Ihre Arbeit ist eine »kleine Illustration« zu dem Aufsatz ihres

Vaters, gefördert durch Gespräche mit Lou Andreas-Salomé.

Für Sigmund Freud waren die Schlagephantasien Metamorphosen eines grundlegenden Musters: Der Vater soll nur die eine lieben. Die Liebesgeschichte versteckte sich in häßlichen Geschichten vom Geschlagenwerden. Anna Freud verfolgte nun, wie aus diesen häßlichen Geschichten, die mit lustvoller Selbstbefriedigung verbunden waren, (wieder) schöne Geschichten werden, die in sich befriedigend sind.

In den schönen Geschichten erfährt ein kleiner Junge, wie ein großer Mann ihn bedroht; doch im letzten Augenblick kommt es zu einem Übergang: Bedrohen verwandelt sich in Güte. Auf einem Umweg ist das Grundmuster vom Alleinbesitz des Vaters, gewandelt in Zärtlichkeit, erneut in den Vordergrund gerückt. In einem weiteren Schritt kann die schöne Geschichte dann zu »Literatur« werden; wenn die Geschichte schriftlich fixiert wird, gehen die Einzelszenen und ihre Erregungszustände in der Entwicklung einer umfassenden Erzählung unter. In der Rücksicht auf Leser finden die Produkte der Kunst zurück in die Realität.

Wandlungen lassen sich nicht durch forcierten Einsatz bewerkstelligen. Ihre Zurückhaltung, von der sie redet, entspringt der Metamorphose, die das rebellische »Ich will es anders« von Anna Freud durchmacht, nachdem sie sich der Psychologie ihres Vaters zugewandt hat. Sie fügt sich in behutsamen Wendungen in die Bewegung der Psychoanalyse ein – als befürchte sie, der Weg der Jüngsten zum Königsschloß sei von vielerlei Gefahren bedroht. Sie geht vorsichtig an die neue Situation heran; sie ist ein sich disziplinierender Revolutionär – sie läßt die umstürzlerische Psychoanalyse für sich wirken.

Doch auch eine Anna Freud kann den Entwicklungsprozeß, den sie durchmacht, nicht beliebig nur vom Kopf her steuern. Der Weg von der Jüngsten zur Einzigen wird durch einander widerstreitende unbewußte Prozesse mitbestimmt, durch Ambivalenzen, die Angst machen, durch Schuldgefühle, durch zu hohe Forderungen, die gedämpft werden müssen – nicht zuletzt durch die Anfeindungen, denen die Tochter des »Meisters« von seiten seiner alten Jünger ausgesetzt ist. Anna Freud verfolgte ihren Weg konsequent; aber großen Schlachten wich sie bei einer Auseinandersetzung immer aus.

Ziemlich schnell findet sie heraus, daß auf ihrem Weg in die Psychoanalyse die Welt des Kindes eine wichtige Rolle spielen kann. Das vermeidet die heftige Konkurrenz mit den Erwachsenen-Analytikern, das führt ihre Erfahrungen als Lehrerin weiter, das läßt auch dem Kind in ihr einen Spielraum. Vor allem aber kann sie sich hier auf Wandlungsprozesse behutsam, mit viel Rücksicht auf die beschreibbaren Phänomene einlassen, indem sie zuläßt, was da herauszukommen sucht. »Wir werden sehen«.

Damit erarbeitet sich Anna Freud nicht allein ein neues Gebiet; sie macht es auch anders als die Psychoanalytiker, ihren Vater eingeschlossen, die sich bisher schon mit Kindern beschäftigt hatten. Für Anna Freud hat die Psychoanalyse ein anderes Bild vom Kind als die Universitäts-Psychologie; dieses Bild will sie im Umgang mit dem Kind zur Sprache kommen lassen – sie will sich mit den Kindern gleichsam mitbewegen und für diesen Einübungsprozeß auch viel Zeit lassen. »Nur in der Kinderanalyse gibt es die Umstände, unter denen Tagträume und nächtliche Ängste, Spiel und schöpferisches Handeln der Kinder in nie da gewesener Weise auftauchen ...« Das bringt, wie es bereits ihr Vater von seiner eigenen Selbstanalyse sagte, auch einiges für sie selbst.

Die Kultur des 19. Jahrhunderts hatte das Bild vom Kind einerseits festgelegt auf »kindliche Unschuld«; andererseits unterwarf sie das Kind einer Vielfalt von Zwangsmaßnahmen, die sich vor allem gegen seine Sexualität und seine Selbständigkeit wendeten. Hier entwirft Anna Freud ein realistischeres Bild: Die Versuche des Kindes, mit dem Leben zurecht zu kommen, sind rücksichtslos, grausam, schamlos – nur die »Freundlichkeit der Kultur« bewahrt es vor der Vernichtung. Doch auch die kultivierende Umwandlung der infantilen Regungen kann zu weit gehen, Verdrängung und Spaltung sind keine Lösungen.

Die Psychoanalyse fördert die Toleranz gegenüber den unvermeidlichen kindlichen Bedürfnissen; aber sie sieht auch die Kehrseiten der Aufrichtigkeit in sexuellen Dingen und des neuen Vertrauensverhältnisses von Kindern und Eltern. Die Probleme der Entwicklung im ganzen lassen sich nicht durch sexuelle Aufklärung allein, nicht durch Masturbationsfreiheit, nicht durch Versuche, Angst aus der Welt zu schaffen, lösen. Der »innere Konflikt zwischen Ich und Trieb« ist nicht zu vermeiden; fällt die Angst vor der elterlichen Strenge, steigert sich die Gewissensangst; »wo die Strenge des Über-Ichs sich mildert, finden die Kinder sich überwältigt von der Angst vor der eigenen Triebstärke«. Einseitig alles andere gleichmachen zu wollen, gefährdet die Entwicklung des Ganzen.

In der Sache wie in der Methode verfolgte die Kinder-Analyse von Anna Freud die »Wege und Irrwege« der Entwicklung. So wie sich das bei ihr selbst entwickelte, so war sie auch in ihrer Psychologie dafür, auf das Hin und Her des Seelischen zu achten, sehen zu lernen, was sich herausbilden will, sie war für »Kommen-Lassen«. Damit stellte sie sich gegen Direkt-Deutungen, gegen die Arbeit mit dem Hackebeil, sie wandte sich gegen ungeduldiges Überrennen und gegen konzeptloses Herumstreifen. Anna Freud lernte es mehr und mehr, ihre Auffassungen zur Sprache zu bringen, und sie schrieb auch ein erstes Buch unter dem Titel *Einführung in die Technik der Kinderanalyse* (1927).

Anna Freuds eigenes Konzept einer Kinder-Analyse führte bald zum Streit mit der Auffassung von Melanie Klein. Die hatte zu Beginn der zwanziger Jahre »Frühanalysen« unternommen, in denen sie kindliches Gebaren durch Symboldeutungen mit Perversionen oder Neurosen und mit Psychosen zusammenbrachte – etwa Nasenbohren mit Angriffs- und Eingriffsphantasien gegenüber den elterlichen Körpern. Das verschaffte ihr Anhänger bei Therapeuten, die den Patienten aktive Helfer sein wollten. Anna Freud hielt die Direktdeutungen von Melanie Klein für ein Überrollen der Kinder, für einen inhaltlichen und methodischen Fehler; sie zweifelt, ob alle seelischen Mächte schon von Lebensbeginn an wirksam seien – erst in einem Entwicklungsprozeß werden die seelischen Instanzen produziert. Die Kritik von Anna Freud führte zu einem Konflikt mit Melanie Klein und den Kleinianern, der sie ein Leben lang begleitete.

Der Streit hätte sich ertragen lassen, wenn damit nicht wieder die Gefahr einer Spaltung der Psychoanalytischen Vereinigung aufgekommen wäre. Melanie Klein war nach England gegangen und hatte einen Teil der Analytiker, dem an harten und metaphysischen Deutungen gelegen war, um sich versammelt. Als Anna Freud 1927 wieder einmal England besuchte, stand sie einer feindlichen Front gegenüber. Doch weder sie noch ihr Vater, der die Thesen von Klein für eine Karikatur seiner eigenen Psychologie hielt, waren bereit, sich von einem Teil der »Bewegung« zu trennen, wie es vor dem Ersten Weltkrieg geschehen war.

Hier half es dem Vater wie der Tochter, daß Anna Freud sich nicht nur mit der Ausgestaltung der Psychoanalyse beschäftigt hatte, sondern auch mit der Ausgestaltung der Lebensumstände in Wien. Sie fand die Richtung, in der sie ihr Anders-Machen in die Welt setzen konnte, indem sie eine neue Familie für sich und ihren Vater entwarf. Anna Freud realisiert einen »Familienroman«, nach dem Bild einer von ihr organisierten besseren Familie. Das Organisieren der ganzen Lebensumstände trägt dazu bei, daß sie mit ihrem Seelenleben und seinen Problemen zurande kommt; denn das Seelische ist nicht ein »Inneres«, das getrennt von der Wirklichkeit existiert.

Im Mittelpunkt der neuen Familie steht der Vater, der seit 1923 durch eine tödliche Krankheit bedroht wird. Er soll nicht das Gefühl haben, hilflos zu sein, aber er soll doch umsorgt werden. Anna stellt einen Familienbetrieb auf die Beine, der größer und beweglicher ist als die alte Familie; ohne allzu große Ansprüche an den Vater zu stellen. Sie vertritt den Vater wie ein Sohn, übernimmt Pflichten, sie sorgt für Ausgleich, sie kümmert sich um ärztliche Betreuung, um die Finanzen und um ein Bauernhäuschen auf dem Lande. Sie richtet eine lebendige Großfamilie ein, anders als die Familie, in der sich die kleine Anna einrichten mußte und die sie gerne etwas anders gewünscht hätte. Es ist eine kunstvolle Familie – mit eigenen Tanten, Geschwistern,

Kindern. Anna Freud gibt der Familie eine Ordnung, und sie kann jetzt ihrer Ordnung folgen; in ihren verschiedenen Beziehungen zu den Mitgliedern der Familie wird sie selbst gleichsam eine ganze Familie.

Die Gründung einer neuen Familie ist ein Modellversuch, der nicht nur für Anna Freud, sondern für die Kultur des 20. Jahrhunderts überhaupt bedeutsam ist: Eine künstliche Großfamilie anstelle der »natürlichen« Familie. Nach dem Einmarsch der Deutschen in Wien und der Emigration nach London wird die Hampstead-Klinik dort ein zweiter Versuch, das eigene Leben und die Arbeit für die »Bewegung« miteinander in Einklang zu bringen.

Die Kinder der Großfamilie in Wien kamen aus verschiedenen natürlichen Familien; für diese zog sie sich zwei »Paten« heran, August Aichhorn und Siegfried Bernfeld, und zwei Privatlehrer, Peter Blos und Erik H. Erikson; die wurden zugleich auch in Analyse genommen. Dazu kamen weitere Helfer, die in der Erziehungsberatung, bei Fortbildungslehrgängen für Erzieher, in einer Kinderkrippe tätig waren.

Einige der Kinder hatten Mütter, die Anna Freud besonders nahe standen, die Kinder von Dorothy Tiffany-Burlingham und der Sohn ihrer verstorbenen Schwester Sophie, W. Ernst Freud. Dazu kamen die Kinder, die sie in Behandlung hatte. Für diese Kinder war Anna Freud »die Größte«, und sie war zugleich ein Kind wie sie. Sie spielte mit ihnen, sie wanderte und schwamm mit ihnen, aber sie brachte es doch nicht fertig, beim Spiel die Kinder gewinnen zu lassen. Sigmund Freud merkte, worauf das hinausging: Die Kinderanalyse hier sei eine Behandlung mit Halbpension. Den Kindern gegenüber stilisierte Anna Freud ihren Vater zu einer Art makellosem Übermenschen – das war manchen Kindern denn doch etwas zuviel.

Eine mütterliche Großtante für die Familie wurde Lou Andreas-Salomé, die Freundin Nietzsches, Rilkes und ihres Vaters. Den Glanz einer großen Welt brachte eine zweite Tante, die adoptiert wurde, in die Familie. Es war die Prinzessin Marie Bonaparte, verwandt mit Napoleon, den Königshäusern von Griechenland und Dänemark. Die neue Familie wurde nach dem Prinzip der »Wahlverwandtschaften« organisiert.

Anna Freud verteilte die Funktionen so, daß sie immer selbst die Möglichkeit behielt, mal in der einen, mal in der anderen Gestalt wirken zu können: Als Mutter, als Freundin, als Tochter, als Sohn und Mann. Das konnte so funktionieren, weil diese Familie eine Gemeinschaft von Frauen »ohne Mann« war, wie es Vater Freud nannte. Freud begünstigte die Entwicklung der Familie von Anna; er machte sich zugleich aber auch Gedanken darüber, daß seine Tochter ohne Mann blieb.

Eine Wahlverwandte jedoch spielte in der Familie eine besondere Rolle; es war die Amerikanerin Dorothy Tiffany-Burlingham, zu der Anna Freud ein intimes Verhältnis für ihr ganzes Leben entwickeln konnte. Sie war die Tochter des bekannten Fabrikanten Tiffany und kam mit ihren vier Kindern 1925 nach Wien; 1928 zog sie in die Berggasse 19, eine Etage über Freud. Bis zu ihrem Tode 1979 lebte sie mit Anna Freud unter einem Dach.

Dorothy Burlingham gehörte zu den Amerikanern, die Sigmund Freud nach dem Ersten Weltkrieg das Geld für seinen Lebensunterhalt brachten. Er hielt es für wichtig, daß seine Tochter jetzt eine richtige Freundin hatte. Mit ihr konnte sie über alles reden; sie half geschwisterlich bei den Sorgen im Lebensalltag und bei der Sorge um den (gemeinsamen) Vater. Sie hielten zueinander, die eine stand für die andere ein, Verrat war nicht zu befürchten. Beide reisten gerne; auf diese Weise lernte Anna Freud die großen Städte der alten und der neuen Welt kennen. Der Ausbau der Familie und die Stärkung der Psychoanalyse im Sinne von Sigmund Freud verquickten sich miteinander. Gemeinsam wurde auch ein Haus gekauft: Hochroterd war ein Bauernhof, der restauriert und ausgebaut wurde. Anna Freud schenkte ihrem Vater ein Buch, das mit Bildern »unseres Hauses« und mit lyrisch-schwärmerischen Kommentaren gefüllt war.

Anna Freuds neue Familie glich einem Gebilde, das die Merkmale zeigte, die Sigmund Freud einem Organismus zuschrieb. Es hebt sich als etwas »eigenes« von den alle gleichmachenden Kräften des Universums ab; es schafft sich einen Reizschutz, wehrt sich gegen Fremdes, organisiert sich wie ein autarkes Gebilde. Das wird für Anna Freud zur Basis, die klassische Psychoanalyse auszubreiten, ihren Vater vor Widrigkeiten zu schützen und nicht zuletzt eine Hausmacht zu bilden, die ihr Lebenswerk unterstützt. Solch ein geschlossenes System hat aber auch seine Kehrseite: Fremdes und sich anders Entwickelndes werden eingeschränkt, überall wird Treue und Verantwortung verlangt, trotz guter Vorsätze zur Distanz verquicken sich das Betreiben von Psychologie und familiäre Prozesse. Verständlich ist es schon, daß es zu so innigen Bindungen kam; denn die Menschen, die sich der Freudschen Psychologie zuwandten, wurden von ihrer alten Umgebung und der alten Wissenschaft ausgegrenzt. Sie suchten daher eine neue schützende Gemeinschaft.

Antigone – Rebell für den König

Der Suche nach einem Bild von Anna Freud bieten sich leicht drei Darstellungen an: Das scheue Dirndl, die kluge alte Dame der Psychoanalyse und, dazwischen, die Gestalt der Antigone, die ihren blinden, um alles wissenden Vater führt. Das Antigone-Motiv umfaßt die Jahre, in denen Anna Freud auf die vierzig zugeht, die Jahre der Krankheit des Vaters und den Beginn des Exils in England.

In dieser Zeit wird sichtbar, daß es keine einfache Sache ist, aus der Jüngsten zur einzigen Nachfolgerin des Vaters zu werden. Der Lebensweg von Anna Freud nimmt eine Wendung, die ihr zu viele Lasten aufbürdet; die Freude, die ihre neue Entwicklung mit sich bringt, panzert sich mehr und mehr ein.

Dabei schien es zunächst wieder einmal gut zu laufen. Von ihren Geschwistern hatte allein Anna den Mut, sich dem System des Vaters, der über seinen Gefolgsleuten thronte, anzunähern. Scheu und zurückhaltend hatte sie sich, Schritt um Schritt, mit dem Vater und seiner Psychologie vertraut gemacht. Seit den Gesprächen auf den gemeinsamen Wanderungen nahm sie teil an der Umgestaltung des Konzepts der Psychoanalyse zu der neuen Version, die das Ich und seine Anteilnahme an den verschiedenen Verhältnissen des Seelenbetriebs zum »Drehpunkt« des Ganzen machte. Das begriff sie besser als die alten Anhänger Freuds, die sich auf die neue Version nicht einfach umstellen konnten.

So begann Anna Freud, in ihren Vorträgen und Büchern – die gehörten auch zu ihren Kindern – herauszustellen, es komme auf das Ganze der Vielfalt seelischer Einzelprozesse an; es sei falsch, besonders auffällige Einzelheiten zu isolieren, zum »eigentlichen« Motiv zu machen, und von da aus wild herumzupsychologisieren. Anna Freud betont, sie habe immer auf Wechselwirkungen im Gefüge der Gesamtstruktur geachtet. So sei es nicht möglich, über das Unbewußte an sich zu reden; unbewußte Produktionsprozesse seien immer auf die Vermittlung durch anderes angewiesen.

Anna Freud sah es als ihre Aufgabe an, das neue Denken der Psychoanalyse klar und einfach darzustellen. Ihren älteren psychoanalytischen »Brüdern« sagte sie das auf einem Umweg: Sie hielt Vorträge für Laien, für Sozialarbeiter, für Pädagogen. Dadurch kamen vorbildliche Einführungen in die Psychoanalyse zustande, die sich den einführenden Vorlesungen des Vaters zur Seite stellen konnten. Das brachte viel Arbeit mit sich, doch schließlich ging es auch um die eigene Richtung in der psychoanalytischen Bewegung – Arbeiten löste auch bei Anna Lebensprobleme.

Was sich für Anna Freud dabei allmählich zu entwickeln schien, wurde jedoch jäh unterbrochen, als der Vater 1923 an Krebs erkrankte und Ärzte ihm nur noch fünf Jahre zu leben gaben. Das traf Annas Lebensentwurf wie ein Schlag, der vieles, was sich entwickelt hatte, zu vernichten drohte. Anna Freud war fassungslos, sie brauchte Trost; sie war tief betroffen von dem Gedanken, ihr geliebter Vater müsse sie verlassen.

Doch sie versinkt nicht in Klagen. Sie kann die Lebensform einsetzen, die sie eingeübt hat, um mit ihren kindlichen Problemen zurande zu kommen: Einsatz, Leistung, Planung, Organisation, Opfer-Bringen und Sich-Zwingen. Sie wird zur Antigone, der der Vater mit seiner Liebe dafür dankt; er bleibt noch sechzehn Jahre am Leben. Sie hat nicht nur seine Lehre verstanden, sondern auch die Art der Behandlung und Zuwendung, die er für sein Leben braucht. Die neue Familie, die sie damals aufzubauen beginnt, trägt dazu bei, den Vater zu umsorgen, ohne ihn dadurch für seine Unabhängigkeit fürchten zu lassen.

Nun wird es schwer und hart für Anna Freud. Ihre eigene Richtung in der Bewegung und das Mitgestalten der Bewegung im Sinne des Vaters verbinden sich untrennbar miteinander. Anna Freud teilt sich mit ihrer Mutter die Pflege des Vaters; sie ist Sekretärin, Mitarbeiterin, Stellvertreter. Sie reist für ihren Vater zu Kongressen, sie spricht seine Vorträge für ihn, sie führt seine Verhandlungen. 1927 wird sie Generalsekretärin der Internationalen Psychoanalytischen Vereinigung. Sie nimmt den Goethepreis 1930 für Sigmund Freud in Empfang; sie vertritt ihn beim Begräbnis seiner Mutter.

Für ihre Mutter kommt jetzt »die Härte« bei dem einst so lieben Kind zum Vorschein; sie ist unzufrieden mit dem Auftreten Annas, mit ihrer Reformkleidung, mit den nicht gut sitzenden Strümpfen. Der Vater braucht sie und bewundert sie; aber auch er macht sich immer wieder Gedanken über ihre »asketische Strenge«. Er spricht von ihren »sogenannten Ferien«, die von Jahr zu Jahr stärker durch ihre Arbeit aufgezehrt werden. Schon vorher waren die Chancen für eine Ehe Anna Freuds nicht sehr groß. Jetzt ist davon nicht mehr die Rede; der Vater, die neue Familie, die Bewegung, der Psychoanalytische Verlag nehmen Anna Freud immer mehr in Anspruch. Für die kleinen Freuden von Reisen, Ferien, von Interessen jenseits der Psychoanalyse bleibt da nur wenig Raum. Es gab Männer, die sich für Anna interessierten; doch es blieb bei guten Freundschaften oder einer Art Romanze, wie mit August Aichhorn.

Anna Freud war nicht eifersüchtig auf einen Geliebten oder einen Ehemann. Aber sie war eifersüchtig auf Menschen, die sich an ihren Vater heranmachten. Sie meinte, an ihrer Eifersucht habe sie immer ablesen können, welche Bedeutung eine Frau für ihren Vater hatte. Da sich nach dem Ersten Weltkrieg immer mehr Frauen auf die Psychoanalyse einließen, erweiterte sich der Kreis der Rivalinnen. Den gefährlichen Frauen gegenüber schuf Anna Freud in ihrer Neu-Familie einen Vier-Damen-Kreis, der bis in die letzten Jahre ihres Lebens zusammenhielt: Dororthy Burlingham, Jeanne Lampl-de Groot, Marianne Rie-Kris und Anna Freud bildeten einen Schutzring um den kranken Vater. Zugang zu ihm gewann schließlich nur noch derjenige, gegen den Anna nichts einzuwenden hatte. Anna Freuds Eifersucht beruhte darauf, daß sie selber die Tendenz kannte, die Einzige zu werden, ihre Forderungen nach Treue waren deshalb so stark, weil sie selber zur Rebellion neigte.

Anna Freud stellte ihre Rebellion in den Dienst des Vaters und seiner großen Sache; was sie anders machen wollte, entsprang der Einheit mit ihrem Vater und seinem revolutionären Programm. Seinerseits erkannte der Vater, daß Anna die »Kreatur« war, ohne deren aufopferungsvolle Unterstützung er nicht hätte weiterleben können. Zwischen Tochter und Vater hatte sich eine Wirkungseinheit ausgebildet, die einen gemeinsamen Sinn in die Entwicklung der beiden brachte. Es ist daher unsinnig zu sagen, der Vater habe die Tochter oder die Tochter habe den Vater ausgenutzt. Die Tochter schreibt für ihren Vater eine neue Einführung in die Psychoanalyse – *Das Ich und die Abwehrmechanis-*

men (1936), während ihr Vater, ganz auf Anna Freud zugeschnitten, seine Psychologie als *Laienanalyse* von dem ganz anderen Denken der Medizin abhob (1927). Für Anna war das Buch ihr »geheimer Ausbildungsplan«, die »beste Einführung« in eine Psychoanalytische Psychologie.

Anna Freud meinte, sogar ihr Schäferhund Wolfi, der sie damals auf Schritt und Tritt begleitete, habe zwischen den Anhängern und den Gegnern der »Laienanalyse« unterscheiden können. Denn ein Teil der ärztlichen Anhänger Freuds war natürlich mit diesen klaren Unterscheidungen von Psychologie und Medizin nicht einverstanden. Um so mehr ein Ansporn für Anna, in ihren Veröffentlichungen deutlich und einfach herauszustellen, wie die Psychoanalyse eigentlich gemeint war.

Nach der *Einführung in die Technik der Kinderanalyse* veröffentlichte sie, drei Jahre später, eine *Einführung in die Psychoanalyse für Pädagogen*. In ihren Veröffentlichungen tritt immer mehr die Entwicklung im ganzen in den Vordergrund; diese ist das einzige, was wir als »lebenswichtig« ansehen müssen. Anna Freud hatte bei sich selbst erfahren, daß es verschiedene Lebenslagen und verschiedenartige Entwicklungsprozesse gibt. Auf diese Vielfalt von Bewegungen und Wandlungen müssen auch die Methoden des psychologischen Umgangs mit Kindern und Erwachsenen eingehen. An einprägsam dargestellten Fällen folgt Anna Freud den Entwicklungen des menschlichen Lebens wie auch den Entwicklungen des psychologischen Umgangs mit ihnen, der Technik und Methode der Psycho-Analyse.

Man kann die Einführung für Pädagogen gewissermaßen als eine Einführung für diejenigen lesen, die nicht verstehen wollten, was Sigmund Freud in der *Laienanalyse* gesagt hatte. Anna Freud und ihr Vater vermieden einen Bruch mit den ärztlichen Anhängern der Bewegung, vor allem mit den Amerikanern; das hinderte die beiden aber nicht, Mißverständnisse, Vereinseitigungen, überflüssige Zusätze anzugreifen.

Und wenn sie auch Streit vermieden, so bedeutete das noch lange nicht, daß sie ihre Widersacher geliebt hätten. Liebe und Gegenliebe gab es nur im engeren Familienkreis – demgegenüber konnten die Schwankungen im weiteren Kreis der »Bewegung« um der Einheit willen irgendwie toleriert werden. Zum Privatgebrauch hatte, wie Sigmund, auch seine Tochter eine eigene Haßliste.

Für die näheren und ferneren Verwandten ist die *Einführung* von Anna Freud zugleich entschieden, einfach und behutsam geschrieben. Wie die Psychologie überhaupt will auch die Psychoanalyse die Äußerungen der Kinder ordnen und auf Hintergründe zurückführen. Weil wir aber über die Entwicklungsprozesse der ersten Kindheit nur wenig wissen, glaubte die offizielle Psychologie, da sei auch nicht viel Bedeutendes passiert. Die Psychoanalyse dagegen vermutet ein starkes Motiv hinter diesem Nichtwissen: Das Kind ist in seinem Entwicklungsgang aus einem Konflikt in den anderen geraten, sein Kultivierungsprozeß ist durch Widersprüche und Ambivalenzen gekennzeichnet. Die ganze Lage des Kindes wirkt so als Motiv, sich an die Vorgänge der Kindheit nicht mehr zu erinnern. Sich-Entwikkeln-Müssen ist die Arbeit des Kindes; wenn ihm das zu schwer wird, stellt es seine Arbeit ein und macht Störungsgründe unbewußt.

Bei allen Entwicklungsprozessen spielen Strukturierungs-Muster eine wichtige Rolle. Wohl von der eigenen

Analyse aus beschreibt Anna Freud zunächst die Vorgestalt einer Einheit von Mutter und Kind. Das ist nicht einfach eine Harmonie von Lieben und Geliebtwerden; unvermeidliche Störungen lassen Haß aufkommen – sehr früh schon bilden sich Konflikte. Danach erst bildet sich das ödipale Strukturierungsmuster aus, in dem der Vater zum Vorbild und Gegenpol wird. Die Konflikte der Entwicklung spitzen sich dann zu: Das Kind braucht die Kultur, und zugleich wendet es sich gegen sie.

Mit der Zeit läßt sich eine Umwandlung der infantilen Regungen nicht mehr vermeiden. Im Laufe der Entwicklung bilden sich die kulturellen Zwänge zu einem Über-Ich im Kind selbst aus, das jetzt gegen die alten Neigungen des Kindes zu Felde zieht. Es sind wieder Probleme des eigenen Lebens, die Anna Freud veranlassen, sich gegen ein starres Über-Ich zu wenden; andererseits geht es auch nicht ohne ein solches Über-Ich – auch da spricht ihre eigene Analyse mit. Etwas ähnliches läßt sich von der »Abwehr« sagen, die sie 1936 in ihrem Buch *Das Ich und die Abwehrmechanismen* als ein zentrales Verbindungsstück zwischen dem Ich, dem Es, dem Über-Ich und der Realität ansieht; auch die Abwehr ist nicht einfach etwas Negatives.

Anna Freud muß sich nach 1930 unter immer größeren Belastungen behaupten. Sie muß sich wehren: Gegen die Bedrohung durch die der Psychoanalyse feindlichen Nationalsozialisten, gegen immer wieder aufflackernden Spaltungstendenzen und Abfallbewegungen in der psychoanalytischen Familie im weiteren Sinne, gegen das Voranschreiten der Krankheit, die ihren Vater immer hinfälliger macht. In dieser Lage schreibt sie ein originelles Buch über seelische Abwehrprozesse, auf das der Vater sehr stolz ist;

sie ist vierzig Jahre alt und sie schenkt das Buch ihrem Vater zum achtzigsten Geburtstag.

Anna Freud verfolgt in dem Buch *Das Ich und die Abwehrmechanismen* das »organische Ganze« seelischer Entwicklung in Einzelfällen und als seelische Konstruktion überhaupt. In beiden Richtungen interessiert sie sich für die Wandlungen, die bestimmten seelischen Grundverhältnissen offenstehen, in denen sich aber das Grundmuster auch verkehren kann. So wird die Lebensgeschichte einer Fürsorgerin bestimmt durch die Ambivalenz von Liebe und Haß gegenüber der Mutter. Aus Angst, die Liebe der Mutter zu verlieren, beginnt sie einen Abwehrkampf gegen den eigenen Haß. Damit schafft sie aber das Problem nicht aus der Welt; sie versucht es mit einer Spaltung: In der erhält sie sich die Mutter als das geliebte Objekt, sucht sich aber eine zweite weibliche Person, die intensiv gehaßt wird.

Doch auch damit wird die Aufgabe nicht gelöst, eine seelische Organisation aufzubauen, die in der Lage ist, widersprüchlichen Neigungen gerecht zu werden – ohne die Einheit der Organisation zu zerstören. Daher kommt ein weiterer Mechanismus der Abwehr ins Spiel: Der Haß gegen die Außenwelt wendet sich gegen die eigene Person. Die Heranwachsende tut alles, um sich selbst zu benachteiligen und zu schädigen. Das ist unerträglich, und daher wandelt sich der Haß in die Überzeugung, sie selbst werde von anderen gehaßt oder verfolgt. Die junge Frau fühlt sich jetzt entlastet von ihrem Schuldgefühl, aber die Beziehung zu ihrer Mutter und zur eigenen Weiblichkeit ist damit einer bewußten Verarbeitung entzogen worden, viele Lebensmöglichkeiten werden aus der Entwicklung ausgeschlossen.

Das Ich ist der Drehpunkt des ganzen Betriebs; nicht weil es besondere Macht hat, sondern weil es mit den anderen seelischen Kräften durch seine Umwandlungskünste verbunden ist. Es kann dadurch auf die Forderungen der Realität, auf die Ansprüche des Es, auf die Maßstäbe des Über-Ichs, nicht zuletzt auf die Forderungen nach einer Einheit des Organismus eingehen. In Anna Freuds Darstellungen werden die psychoanalytischen Begriffe nicht wie Vermögen oder Täter aufgezählt – es kommt ihr vielmehr auf eine Beschreibung und Zergliederung der Produktionsprozesse an, in denen etwas gewandelt und in einen Zusammenhang umgeformt wird, der zum seelischen Leben notwendig ist. In welchen Leistungen sucht Eshaftes seinen Ausdruck und wie kann das ichhaft anverwandelt werden?

Die Abwehrmechanismen als Umbildungsprozesse dienen der Regulierung des Ganzen; sie werden durch die Angst des Ichs – als Vertreter des Seelenbetriebs, der sich erhalten will – in Bewegung gebracht. Daß sich das Seelische durch Mechanismen, je nach Lage, wandeln läßt und daß Angst aufkommt, ist normal; Angst ist nicht etwas Negatives und auch nicht etwas, das sich ausrotten läßt. Angst entsteht, wenn die Übererregung oder Triebstärke zu groß wird, wenn Gefahren aus der Realität drohen, wenn das Über-Ich zuviel erzwingen will.

Ohne Abwehr kommt keine Entwicklung und Kultivierung zustande. Es geht Anna Freud darum, Vereinseitigungen und Verkehrungen der Abwehr aufzulösen – es kommt immer auf Entwicklung an, und Entwicklung ist Wandlung, Übergang, Metamorphose. Daher beschäftigt sie sich auch mit Vorstufen der Abwehr, die wieder anderen Gestaltbildungen Platz machen können.

Die Leser des neuen Buches ahnten nicht viel von der Belastung, unter der es geschrieben war; Anna Freud wurde durch die Gefahr, die von den Nationalsozialisten drohte, stärker bewegt als ihr Vater. Nach dem Einmarsch der deutschen Armee wird Anna Freud verhaftet; sie nimmt Veronal mit, um etwas in der Hand zu haben, falls sie gefoltert würde. Der Vater ist fassungslos wie Anna damals bei der Diagnose seiner tödlichen Krankheit – was an ihm »noch erfreulich ist, heißt Anna«, hatte er schon Jahre vorher geschrieben. Aber es gelingt ihm und seinen Freunden, sie wieder nach Hause zu holen. Von nun an sind es immer die beiden zugleich, Vater und Tochter, die aus der Haft entlassen werden, sich zur Ausreise bereit machen, die am Pfingstsamstag 1938 nach London reisen.

Schon früh hatten die beiden einen Pakt geschlossen, die Krankheit ohne Sentimentalität durchzumachen und auch vor einer Entscheidung zum Freitod am Schluß nicht zurückzuweichen. Am 23. September 1939, nach Ausbruch des Zweiten Weltkrieges, war es soweit. Sigmund Freud hinterließ in seinem Testament seiner Familie zwanzigtausend englischen Pfund. Anna erbte die Antiquitäten, seine Manuskripte und Bücher; von dem Geld konnte sie nehmen, was ihr sinnvoll erschien – er war sicher, daß sie es in seinem Sinne verwenden werde. Anna Freud war verzweifelt, als der Tod ihres Vaters nicht mehr aufzuhalten war.

Nicht nur des Vaters Tochter

Die Lebensentwicklung von Anna Freud war nicht zu Ende, als ihr Vater starb. Sie lebte noch über vierzig Jahre und wurde in dieser Zeit international zum bekanntesten Vertreter der Psychologie. Ihr Zusammenleben mit dem Vater und das Programm seiner Psychologie hatten sie zu einem Rebell für den König gewandelt – ihr eigener Lebensentwurf gewann eine Gestalt, die sich entschieden für dieses andere einsetzte, für die Bewegung, die mit dem Wirken ihres Vaters untrennbar verbunden war. Es ist eine paradoxe Geschichte, daß man eigenes und anderes gar nicht so sauber trennen kann, wie es eine »reine« und abstrakte Moral am liebsten möchte.

Über Gefahren dabei läßt sich schon eher etwas sagen; wenn etwa der Zwang einer Sache, für die man sich einsetzt, so stark wird, daß man alle anderen Regungen unterdrückt. Das seelische Leben ist nun einmal widersprüchlich, und die daraus hervorgehenden Tendenzen zur Umwandlung lassen sich ihr Recht nicht nehmen. Wieweit es ihr gelingt, aus der »Härte« herauszukommen, ist die Frage, die sich für das zweite Leben von Anna Freud stellt, für ihr Leben in England.

Anna Freud ist verzweifelt, gewiß – daß das kaum noch zu ertragende Leiden ein Ende gefunden hat, nimmt ihr jedoch auch eine große Last von den vorgebeugten Schultern. Langsam öffnet sich für sie in England ein neuer Weg; sie ist auf sich gestellt, und sie ist auch freigestellt. Anna Freud nutzt diesen Weg, sie verschließt sich nicht in eine Erinnerungswelt.

Dem toten Vater setzt sie ein Denkmal: Mitten im Krieg

betreibt sie die Veröffentlichung seiner *Gesammelten Werke*, in deutscher Sprache. Ihr ganzes Leben lang sorgt sie dafür, daß die Welt nicht vergißt, was die Entdeckungen ihres Vaters bedeuten – sie entwerfen ein neues Bild des Menschen und seiner Entwicklung. Konkret bemüht sie sich auch, an den Stellen seines Wirkens eherne Gedenktafeln und eine Bronzestatue aufzustellen. Anna Freud wandelt die Totemmahlzeit, die ihr Vater beschrieben hat, auf ihre eigene Weise ab.

Ihre Trauerarbeit wird aber auch dadurch mitgestaltet, daß sie sich im Krieg für ihr neues Vaterland einsetzt. Jetzt kann sie tätig etwas gegen den Feind Hitler tun; es ist nicht ihre Sache, Verlorenes nur zu beklagen. Es ist Dank und Opfer für England, zugleich Ausdruck ihrer familiären Neigung, wenn sie sich um die Kinder kümmert, die ihr Kriegsschicksal noch hilfloser gemacht hat, als sie es sowieso schon sind. Anna Freud gründet die Hampstead-War-Nurseries. Zwischen 1939 und 1945 betreuen sie und ihre Helfer achtzig Kinder. Nach dem Krieg überträgt sie ihre Sorge auf Kinder, die aus den Konzentrationslagern der Nationalsozialisten gerettet wurden. Sie kamen aus den Lagern, in denen auch vier Schwestern von Sigmund Freud umgebracht wurden.

Das psychoanalytische Kinderheim, das Anna Freud im Krieg aufbaut, setzt die Einrichtungen fort, die sie in Österreich begründet hatte; die wurden durch den Einmarsch der Deutschen in Wien vernichtet. In England waren die War-Nurseries ein Grundstein, auf den sich Anna Freud stützen konnte, als sie begann, in England wieder eine zweite Familie (»ohne Mann«) aufzubauen.

Die Gewichte zwischen Forschen- und Helfen-Wollen

waren bei Sigmund Freud und seiner Tochter etwas anders verteilt. Anna Freud brauchte den Umgang mit Kindern, die sie lieben, kommen lassen, pflegen und auch erziehen konnte. Darüber vernachlässigte sie die Forschung nicht. Sie beobachtete die Kinder und fragte sich, wie sich deren Verhalten und Erleben vom Konzept der Psychoanalyse her verstehen ließ; was da vielleicht auch Neues zu erfahren sei. Zusammen mit ihrer Freundin Dorothy Burlingham veröffentlichte sie ihre Beobachtungen 1942 in einem Buch über »Kriegskinder« und 1943 in einem Buch über »Anstaltskinder«. Damit konnte sie zugleich eine Pflicht erledigen: Das Kinderheim wurde durch Spenden finanziert, und die amerikanischen Spender wollten »Berichte«, monatlich, darüber haben, was mit ihrem Geld geschehen sei.

Anna Freud berichtete über Kinder, die der Kriegsdienst, der Tod, die Trennung der Eltern allein gelassen hatten. Sie bemüht sich um eine psychoanalytische Deutung von Themen, die für die Entwicklung des Kindes belangvoll sind: »Die Wirkung einer Trennung des Kindes von der Mutter auf dem Höhepunkt der biologischen Mutter-Kind-Einheit; das Verhältnis zwischen den Entwicklungsfortschritten unter Familien- und Anstaltsbedingungen; die Reaktionen von Kleinkindern auf das Gemeinschaftsleben, wo die Beziehung zu Altersgenossen an die Stelle der normalen Bindungen an Eltern oder ihre Vertreter tritt; die ödipale Entwicklung bei Abwesenheit ödipaler Objekte, besonders des Vaters.« (*Schriften*, Bd. 1, S.V ff.)

Die »Berichte« sind ein erster Entwurf für ein Lehrbuch der »Wege und Irrwege« menschlicher Entwicklung aus der Sicht der Psychoanalyse. Sie sind eine Einführung zu einem Denken in Entwicklung: Welche Probleme bewegen die

Kinder, wie verarbeiten sie sie, was hat es mit ihren Aggressionen auf sich, welche Sorten von Angst gibt es – Kinder sehen die Welt ganz anders als die Erwachsenen, und sie gehen auch anders mit ihr um. Die Bilder, die Anna Freud von der Entwicklung gibt, und die Beschreibung der Schicksale einzelner Kinder packen den Leser wie fünfzig Jahre früher die »Novellen« von Sigmund Freud. Die Leser werden in ein Denken eingeübt, das sie Entwicklungsprobleme ganz anders sehen läßt, als es in den traditionellen Lehrbüchern der Entwicklungspsychologie üblich ist.

Auch die Mitglieder der Familie, die sich neu zu bilden begann, wurden eintrainiert. Wenn jemand, der als Helfer geeignet schien, geworben war, wurde ihm beigebracht, was man bisher falsch gehandhabt hätte und wie das anders zu machen sei. Fehler, die jemand gemacht hatte, ging Anna Freud nicht direkt an, sie sagte es durch die Blume. Sie demonstrierte, wie es richtig zu machen sei: Sie badete Babys, wickelte sie, fütterte sie, spielte mit ihnen.

Der Kriegseinsatz von Anna Freud und Dorothy Burlingham strapazierte die beiden; beide erkrankten schwer, und es dauerte fast ein Jahr, bis sie sich wieder erholt hatten. Sie hatten sich zuviel zugemutet. Auch nach dem Krieg dauerten die Lungenbeschwerden bei beiden an; daher kauften sie im Osten Englands, in Walberswick, ein Haus an der See.

Die Neugründung ihrer Familie in England war, auch schon in ihren Anfängen, Rückhalt für eine wichtige Entscheidung Anna Freuds in Sachen »Psychoanalytische Vereinigung«. Mitten im Krieg spitzte sich der Konflikt zwischen Freudianern und Kleinianern zu. Die Freudianer, die Anna Freud auf ihrer Seite wußten, überlegten, ob es nicht am besten sei, einen scharfen Trennungsstrich zu ziehen. Wieder einmal bemühte sie sich, einen inneren Krieg zu verhindern. Dabei half ihr, wie bereits in Wien, daß sich die Internationale »Bewegung« aufgliedern ließ in eine Familie, die ihr nahe war, und weit entfernte Verwandte, mit denen sie zusammenarbeiten konnte, die sie aber nicht lieben mußte.

Der Kompromiß mit den Kleinianern war ein Opfer, das Anna Freud für den Zusammenhalt der Bewegung brachte; dafür suchte sie eine »Entschädigung«: Zwei Jahre nach dem Krieg setzte sie ein eigenes Ausbildungsinstitut für »ihre« Psychologie, für die Tradition der klassischen Psychoanalyse durch. Sie hatte ihr Schweigen schon lange überwunden und »entschädigte« sich jetzt wieder einmal dafür, indem sie ihrer eigenen Sache das Wort führte. Die Ausbildungskurse in Hampstead wurden zum Modell für eine private Hochschule der Psychoanalyse, mit ganztägigen Kursen. Schon vorher hatte Anna Freud eine eigene Zeitschrift gegründet: *The psychoanalytic study of the child.* Ausbildungsinstitut und Zeitschrift wurden durch Spenden finanziert; daß sie bei ihren Bittgängen etwas erreichte, macht Anna Freud stolz, aber es blieb doch ambivalent.

Von der Strategie, die Anna Freud nach dem Krieg befolgt, läßt sich sagen, was ihr Vater über Anna sagte: Es war klug, »sie gemacht zu haben«. Sie hatte ihre eigene kleine Hochschule geschaffen, mit Rückhalt in einer neu gegründeten Familie, sie hatte verhindert, daß die Internationale Psychoanalytische Vereinigung in Teile zerbrach. Nicht zuletzt sie hatte dafür gesorgt, daß ihr Vater der Heros der ganzen »Bewegung« blieb und sie als sein Sachwalter anerkannt wurde. In ihrem Haus blieb sein Arbeitszimmer, das von Wien nach London transportiert worden war, erhalten;

sein Nachlaß war ein Hort, den Anna verwaltete. Sie wünschte, daß aus dem Haus, in dem sie und ihr Vater gelebt hatten, nach ihrem Tode eine Gedenkstätte werde.

1950 hatte Anna Freud eine Umgestaltung der Lebensform, in der sie zur Ersten und zur »Antigone« des alten Königs geworden war, auf den Weg gebracht. Das Grundmuster vom Jüngsten, der König wird, wandelte sich nach dem Zweiten Weltkrieg, der veränderten Situation gemäß. Anders-Machen, Rivalisieren, die Aneignung des revolutionären Konzepts ihres Vaters, Opferbereitschaft und Pflichterfüllung organisierten sich in einer neuen Lebensgestalt. Die griff die Chancen auf, die eine sich ändernde Welt der Frau bot, in der sich nun die Psychoanalyse verkörperte.

Das Leben von Anna Freud nimmt in England eine Wendung, weil sie es als ihr Schicksal versteht, Statthalter in einem Seelen-Land zu werden, dessen Menschen den Gedanken ihres Vaters folgen. Sie übernimmt die Sendung, diese Menschen zu unterstützen, indem sie ihnen die Gedanken ihres Vaters vermittelt; sie will auch andere Menschen dafür werben, das neue Bild vom Seelischen zu verstehen und zu vertreten.

Anna Freud wird zu einem Statthalter des »Vaters in ihr«, der freier ist als der zum Statthalter gewordene Sancho Pansa – dem wurde alles, wonach er sich sehnte, mit bösem Zwang untersagt. Sie kann das Leben jetzt »lockerer« nehmen, wie es ihr Vater einst gewünscht hatte. Sie braucht ihre »Unternehmungslust« und ihren »Lebensgenuß« nicht mehr streng einzuschränken. Das geht nicht mit einem Schlag; doch von Jahr zu Jahr kann sie sich mit größerer Freiheit und Souveränität in der Welt bewegen. Was auch dem »Kind in ihr« gut tut.

Der Wirkungskreis in London ist stabil geworden. Anna Freud geht auf Reisen – zu Kongressen, zu Ehrungen, zur Erholung. Sie hat das Schlimmste hinter sich und nun das Recht erworben, auch etwas für sich zu tun.

Anna Freud ist fünfundfünfzig, als die erste Einladung nach Amerika kommt. Dieselbe Universität, die vierzig Jahre vorher Sigmund Freud ehrte, die Clark-Universität, verleiht ihr den Titel eines Doktor ehrenhalber. Sigmund Freud stellte 1909 in seinen *Vorlesungen* den Bauplan des Seelischen dar, den er in der Traumdeutung und den drei Abhandlungen entworfen hatte. Seine Tochter stellt »Entwicklung« in das Zentrum ihres Vortrags. Damit gibt sie die eigene Richtung an, in der sie die Psychoanalyse ihres Vater weiterführen wird. Anna Freud reist ein dutzendmal nach Amerika; Europa bereist sie in der Reihenfolge der Kongresse der Psychoanalytischen Vereinigung. Deutschland meidet sie. Wien besucht sie erst wieder 1971; sie wird hoch geehrt, hält aber ihren Vortrag in englischer Sprache. Auf diese Demonstration konnte das Kind in ihr nicht verzichten.

Für Anna Freud gehört, wie für ihren Vater, Arbeit zum Leben. Sie hat ihre Zwänge, aber »Psychologen haben auch Gefühle«. Sie findet den Spaß wieder, den sie als Kind gerne machte. Sie wird tolerant, freundlich, geduldig, großzügig. Doch der Statthalter behält auch seine Eigenheiten, die läßt sie sich nicht nehmen. An den vielen Fotos läßt sich ablesen, wie allmählich das Ernste und Versunkene in ihrem Gesicht übergeht in Selbstsicherheit, Abgeklärtheit, Humor. Sie kann zuhören und abwarten, »summiert« das Ganze dann und bringt es auf den Punkt, meist »ganz einfach«.

Es war schon eine eigene Art von Statthalterei, die Anna

Freud praktizierte. Sie nahm nicht das Gebaren einer feministischen Professorin an; sie stilisierte eher das Kindhaft-Originelle in ihrem Beobachten und Handeln. Sie befragt alles von der fruchtbaren Neugier des Kindes aus, so wie auch der Statthalter Sancho Pansa überaus kluge Fragen stellen kann, weil er einfach sagt, was er sieht, und überlegt, wie das in sich zusammenhängt.

Die Briefe, die Anna Freud an ihre Haushälterin Paula Fichtl schrieb, zeigen etwas von den Sorgen und Freuden, von den Mühen der Arbeit und von den Erfolgen in dieser Zeit. »Ich lerne und lerne den ganzen Tag an meinen Vorträgen, mein Kopf ist schon ganz wüst.« (1957) Von der Reise mit der »Ile de France« nach New York 1956 schreibt sie: »Es geht uns viel zu gut, ein richtiges Schlaraffenleben.« Was sie unternimmt, ist »schön und anstrengend zugleich«; schon 1946 hatte sie geschrieben: »Wir wollen doch zusammen alt werden und uns nicht vorher totarbeiten.«

In-Entwicklung-Bleiben

Mit dem Statthalter-Werden, für einen mächtigen König, ist es eine eigene Sache. Neue Aufgaben stellen sich, und es gilt, dem durch eine lange Entwicklung Erreichten nun auch einen eigenen Inhalt zu geben. Wer das nicht kann, dem geht es wie der Frau des Fischers im Märchen, die danach giert, König oder Papst zu werden, ohne etwas damit anfangen zu können. Da bäumt sich das Meer und das Wetter auf, und sie wird zurückversetzt in ihren Pisspott.

Demgegenüber gelingt es Anna Freud, ein Statthalter der

Psychoanalyse auf eigene Art zu werden. Sie läßt sich ein auf die Entwicklungen der Wirklichkeit, die mit der Zeit auch die Verhältnisse in der psychoanalytischen »Bewegung« verändert haben. Sie will nicht die Macht über eine internationale Bewegung haben, die sich bereits in verschiedene Sektionen aufgespalten hat. Der Kampf um die Macht ist nicht ihre Sache; das brächte sie von der Entwicklung ihres eigenen Werkes ab. Daher tritt sie 1949 als Generalsekretärin der Vereinigung zurück und lehnt es ab, ihr Präsident zu werden.

Schon ihr Vater, der Gründer und Führer der Bewegung, geriet immer wieder in Schwierigkeiten, die Probleme mit seinen Anhängern häuften sich und drohten, ihn von seinem Werk abzuziehen. Als er seinen psychologischen Standpunkt in der *Laienanalyse* verteidigte, hatte selbst ein Teil der »braven« Anhänger nicht mehr mitgemacht, weil sie Freuds Konzept nicht verstanden. Wie ihr Vater hatte Anna Freud erfahren, daß auch seine analysierten Anhänger den menschlichen Verhältnissen nicht entkommen, die Rivalität, Machthunger, Ehrgeiz, Originalitätssucht mit sich bringen. Durch die Teilnahme an der »Bewegung« wurden die Analytiker nicht zu idealen Ausnahmen. In England hatte Anna Freud die Fraktion der Kleinianer gegen sich; das zwang sie, sich bei der Ausbildung und Weiterbildung auf eine Einteilung in A- und B-Gruppen einzulassen, eine in ihrem Sinne, die andere eben anders.

Anna Freud wollte lieber Statthalter auf einer eigenen »Insel« sein, die in ihrem Sinne gestaltet wurde, als Oberhaupt einer Vereinigungswelt von »Psychoanalytikern«, die in sich zerstritten bleibt. Von ihrer Insel aus konnte sie dann ihre Sendung wahrnehmen: Darzustellen, was ihr

Vater wirklich gemeint hatte, und für sein revolutionäres Programm in der ganzen Welt zu werben. Sie schätzte die Entwicklung richtig ein, wurde anerkannt, wohin sie auch reiste. Mit Stolz begann sie, die Einladungen und die Anfragen an sie, die Ehrendoktortitel und die Ehrenmitgliedschaften zu registrieren. Auf den Fotos zu den Ehrenveranstaltungen weicht die anfängliche Befangenheit mehr und mehr einer unverhohlenen Freude.

Die Geschichte vom Jüngsten, der König wird, dreht sich so in eine eigene Richtung: Es kommt darauf an, Entwicklungen aufzugreifen und in Entwicklung zu bleiben. Anna Freud fängt mit der Freiheit, die sie nach dem Zweiten Weltkrieg (wieder) gewonnen hat, etwas an – ihr Leben und ihr Werk zentrieren sich um die Metamorphosen, die die seelische Konstitution mit sich bringt –, grundsätzlich und besonders in der Zeit nach dem Zweiten Weltkrieg. Hier findet sie ihren Lebensinhalt, sie findet darin ihren eigenen Sinn von Psychoanalyse – sie ist mehr als des Vaters Tochter.

Genauer gesagt, es geht um Entwicklungen in verschiedener Hinsicht. Es ist für Anna Freud selbst wichtig, in Entwicklung zu bleiben; auch die klugen Einschränkungen des Statthalters sind Entwicklungen, genauso wie die Übernahme ihrer Sendung, die sie in die ganze Welt führt. Zur Entwicklung gehört, daß auch sie eine Legende wird und daß es ihr zugleich gelingt, das »Kind in ihr« dabei zu seinem Recht kommen zu lassen. Für ihre Selbsteinschränkung fand sie, wie ihr Vater, das Wort »Entsagung«. Goethe spricht davon in seinem manieristischen Roman *Wilhelm Meisters Wanderjahre oder die Entsagenden*. Das doppelsinnige Wort weist darauf hin, daß uns im Leben Eigenes entzogen, Fremdes aber aufgedrängt wird; zugleich fordert es dazu auf, nicht vor den Konflikten zu fliehen, sondern sich von den Notwendigkeiten des Ganzen zu überzeugen und dem entsprechend seine Freiheit auszugestalten.

Entwicklung ist aber auch der Generalnenner ihres Konzepts von Psychologie. Sie wendet sich gegen Definitionen psychologischer Prozesse, die Erlebens- und Entwicklungsqualitäten, Produktionsverhältnisse und Verwandlungen nicht berücksichtigen. Sie wendet sich gegen engstirniges Spezialistentum, gegen Isolierung seelischer Phänomene aus ihrem Zusammenhang; selbst Erkenntnisse über Libidophasen, Ödipuskonflikt, Narzißmus, für sich genommen, stellen »isolierte Fakten« ohne klare Wechselbeziehung dar – »sie befriedigen nicht unser Bedürfnis nach einem detaillierten, systematischen Bild des Wachstums der integrierten Persönlichkeit des Kindes«. Alles muß auf Entwicklung im ganzen, auf das System in der Entwicklung bezogen werden.

Unermüdlich ist Anna Freud bei der Arbeit: Bei der Behandlung von Patienten, beim Vorbereiten ihrer Vorträge, beim Schreiben von Aufsätzen. In der zehnbändigen Ausgabe ihrer *Schriften* wurden 88 Vorträge neben den Büchern, die aus ihnen hervorgegangen sind, veröffentlicht. Ihre psychologischen Untersuchungen gehen auf ein Buch über Entwicklung zu. 1965 erscheint das Buch *Wege und Irrwege in der Kinderentwicklung* in englischer Sprache; 1968 erscheint es in deutscher Sprache. Sie vermittelt darin das psychologische Weltbild ihres Vaters unter dem besonderen Gesichtspunkt einer eigenen Logik oder eines eigenen Systems von Entwicklung. Entwicklung ist das Ganze, aus dem Strukturierungsprozesse, Libidophasen, Mechanismen, Vorbilder und pathologische Verkehrungen verständlich werden.

Für den Zusammenhang ihrer Überlegungen mit dem Konzept des Begründers der Psychoanalyse sorgte Anna Freud durch gut geplante Arbeitsformen. Bei der Herausgabe der *Gesammelten Werke* von Sigmund Freud ordnete sie den Nachlaß ihres Vaters, sie baute mit K. R. Eissler ein Archiv der Psychoanalyse auf, sie stellte mit Dorothy Burlingham einen »Index« der Psychoanalyse zusammen, der die von der Psychoanalyse entdeckten Verhältnisse, Bedingungen, Abwandlungen bei den Herstellungsprozessen des Seelischen überschaubar machen sollte. Das unterstützte sie bei ihrer Sendung für die Psychoanalyse; das waren zugleich aber auch Arbeiten, mit denen sie ihre eigene Version von Psychoanalyse beweiskräftig machen konnte.

Für diese Arbeit an der Sache bot ihre »engere« Familie den angemessenen Rückhalt. Sie hatte sich, emanzipatorisch auf ihre Weise, in England wieder eine neue Familie aufgebaut; ohne Mann, doch mit einem großen Vater. Zentrum des ganzen war die Freundschaft von Anna Freud und Dorothy Burlingham. Bei ihr konnte sie sich in alles mögliche verwandeln – Kind, Frau, Held, Oberhaupt. In ihrem Zusammenwirken fanden sie Liebe, Treue, Anerkennung, Unterstützung. Beide umgaben sich mit einem Kreis von Frauen und Männern, die ihnen schon aus Wien vertraut waren – Marianne Kris und ihr Mann, Jeanne Lampl-de Groot, Willy Hoffer. Um diesen Kreis herum bewegte sich ein Ring von entfernteren Verwandten.

Das ganze Familien-Werk glich einer Welt im Kleinen; ihre verschiedenen Positionen waren durch die näher und ferner stehenden Verwandten besetzt: Mit-Herausgeber, Mit-Direktoren, Mit-Analytiker, Sponsoren, Schüler, Kinder und ihre Betreuer, Haushaltskräfte, Gärtner, Reiter,

Weber und Stricker. Die Stellen waren besetzt und zugleich für Anna Freud offen; sie konnte sich nach Belieben hier oder dort einsetzen – als Chef, als Autorität der Psychoanalyse, als Supervisor, als Köchin, als Gärtner, als Weberin, als Nikolaus, als Einkäuferin, nicht zuletzt als Kind. Gleich ihrem Vater hatte sie erreicht, daß sie vieles auf einmal betreiben konnte; aber sie betrieb es mit ihrer Familie zusammen, das war etwas anderes, und sie betrieb es auf andere Weise. Darin fand sie ihr »Glück«. Weil sie überall das Sagen behalten wollte, schuf sie sich und den Familienmitgliedern immer wieder Probleme; das war auch bei einer legendären Gestalt nicht zu vermeiden.

Verglichen mit den Aktivitäten seiner Tochter ist die Lebensgestaltung des Zigarrenrauchers Sigmund Freud eher ein Umgang mit der Welt von einem festen Sitz im Arbeitszimmer aus. Da ist auch er immer seelisch in Bewegung; wie bei den alten Philosophen: Philosophie ist Genuß an Verwandlung im Sitzen. Mit einem Unterschied: Dem Psychologen Freud kamen die Wechselfälle des Lebens täglich ins Haus und auf die Couch.

Die verschiedenen Wirkungskreise ihrer Familie wirkten wie Zäune und Mauern, die Anna Freud schützten und die allzu Persönliches verbargen. Sie konnte dadurch Gefahren entgehen, die sie fürchtete – überrumpelt zu werden, zur Untätigkeit verdammt zu sein, direkt und hart angegriffen zu werden. Denn auch der Heros blieb verletzbar, trotz seiner Entsagung. Das Seelische ist und bleibt ein widerspruchsvolles Zugleich verschiedenartiger Neigungen, selbst wenn sein Lebensschicksal eine ausgeprägte Gestalt gefunden hat. Insgeheim lebte in Anna Freud die Utopie eines Reiches fort, in dem die Gesetze ihres Vaters galten; insgeheim verspürte sie, es sei genug an Schuld, Opfer, Arbeit abgetragen – da war ein brutaler Angriff einfach zuviel, und er belebte wohl auch die Angst vor eigenen Vernichtungswünschen.

Es genügte Anna Freud nicht, die Erste geworden zu sein – sie fühlte sich auch immer wieder von der Utopie der Vollkommenheit gefordert. Wenn beim Weben etwas daneben ging, war sie deprimiert; es beschäftigte sie einige Zeit, wenn sie einmal bei ihren Analysen einer falschen Fährte gefolgt war. Was sie an Arbeiten oder Übersetzungen billigte, wurde bis in kleine Einzelheiten im Sinne ihres »Stilgefühls« redigiert. Wenn man sie in »Freundlichkeiten« einbeziehen wollte, war sie empfindlich; weil sie die Psychoanalyse repräsentieren mußte, zwang sie sich bisweilen ein Lächeln oder eine freundliche Zustimmung ab. Vor der Möglichkeit, in einem unverrückbaren Abbild festgehalten zu werden, durch Foto, Malerei, Biographieschreiben, schreckte sie zurück. Der Gedanke, ihr berühmter Maler-Neffe Lucian Freud könne ihr Bild verewigen, war »unmöglich«.

Im Gehege ihrer engeren Familie konnte Anna Freud die Irrungen und Wirrungen der psychoanalytischen Welt-Familie in Ruhe verfolgen. Sie konnte ihren eigenen Neigungen nachgehen – sie hätte gerne alles auf einmal gemacht –, und sie konnte sich zugleich dem Zwang ihrer eigenen Organisation einfügen. Als sie älter wurde, genoß sie neugierig und doch mit ruhigem Blick, wie sich das Leben in der Welt wandelte: die Aussichten und Rituale der modernen Jugend, neue Erfindungen und Entdeckungen, politische Veränderungen. Sie genoß dabei auch, wie eine kindliche Form des Umgangs mit der Wirklichkeit sich in der entsagenden Haltung wieder beleben durfte. Das läßt sich von der Freudschen Psychologie genauso wie von Henri Bergson her verstehen: Aus den »schöpferischen«, vorgestaltlichen, material-sinnlichen Grundverhältnissen geht die Entwicklung hervor. Im Kultivierungsprozeß geht sie darüber hinaus; doch schließlich kommt sie wieder, anders als zu Anfang, auf die Vorgestalten der Kindheit zurück. Die Menschen spüren ihre Entwicklungs-Zeit besonders, indem sich ihr Herkommen wieder und wieder in neuen Verwandlungen bricht.

Die weise Dame der Psychoanalyse, an deren Tür immer das Schild »Miss Freud« angebracht war, konnte mit den Kindern reden wie ein Kind mit einem anderen. Fragte ein Kind, wo ihr Haus sei, sagte Anna Freud: Weißt du, wo Jofi – ihr Hund – wohnt? Da wohne ich auch. Bei einem dicken Mädchen vermutete sie, es denke mit seinem Bauch; von einer ungehorsamen Vierjährigen, deren Eltern ein Kind vor ihrer Geburt gestorben war, hieß es: Es ist sehr schwer, mit einem kleinen Engel zu wetteifern. Anna Freud fragte sich selbst, ob sie noch im Jenseits stricken werde. Bei ihren Analysestunden übte sie wohl schon dafür.

Mit ihrer wiedergewonnenen kindhaften Originalität ging Anna Freud an die schwierigsten Aufgaben heran, wie Miss Marple im Kriminalroman. Als habe sie sich mit ihrem eigenen Märchen vom Jüngsten, der König wird, beschäftigen wollen, entwarf sie ein Forschungsprojekt über »Kinder als Helden«. Ein Held, der seine Sendung verfolgt, der aber auch zu entsagen weiß, kann in verschiedener Weise auf die Familie im engeren und im weiteren Sinne wirken. Ihre Schwester Mathilde meinte, die Psychoanalyse und die Hampstead-Einrichtungen hätten Anna so in Beschlag genommen, daß für die leiblichen Verwandten kein Platz mehr blieb. Mathilde Freud-Hollitscher teilte auch nicht die Begeisterung von Anna Freud für den windigen und nassen Seeort Walberswick. Dahin fuhren Anna und Dorothy mit einiger Regelmäßigkeit zwischen 1945 und 1979, an den Wochenenden wie in den Ferienzeiten.

Hier konnte Anna Freud viel auf einmal tun: stricken, weben, kochen, musikhören, neugierig herumwandern, reiten, lesen und auch arbeiten, Besuche empfangen, Fallberichte studieren, Vorträge vorbereiten. Es galt als besondere Ehre, wenn Mitglieder der großen Familie nach Walberswick eingeladen wurden. Das gehörte zu den Gunstbeweisen, die Anna Freud wie ihr Vater zu staffeln verstand; besondere Steigerung war das Überreichen von Stricksachen mit einem kleinen Schild »Handmade by Anna Freud«.

Mit dem Alter häufen sich die Ehrungen und Feiern. Anna Freud wird mit dem englischen und österreichischen Verdienstorden geschmückt. Sie genießt die Ehrungen, die ihr 1971 in Wien bereitet werden; in der Berggasse 19 wird ein Freud-Museum errichtet. 1981 sträubt sie sich nicht einmal mehr gegen einen deutschen Ehrendoktor; allerdings schickt sie Hansi Kennedy als Stellvertreter, die Ehrung der Universität Frankfurt entgegenzunehmen.

Doch auch die Mahnungen zu entsagen werden vernehmlicher. Die Nachrufe, die Anna Freud für ihre verstorbenen Freunde schreibt, mehren sich. Ihre eigenen (körperlichen) Leiden verstärken sich; sie litt schon lange unter Lungenerkrankungen und Rückenschmerzen, 1976 kam eine schwere Anämie dazu. Sie brauchte Transfusionen, zunächst in größeren Abständen; schließlich samstags eine Transfusion, damit sie montags arbeiten konnte. Die Arbeit hielt ihr Leben zusammen. Sie analysierte ihre Fälle, beendete die Diskussion bei den Dienstags-Sitzungen durch ihr Schlußwort, organisierte die Mittwochs-Veranstaltungen, sagte auf Kongressen ihre Meinung, wenn die Redner von der Lehre ihres Vaters allzu sehr abwichen.

Durch den Tod der Menschen, die ihr nahe standen, wurde Anna Freud einsam; sie konnte ihren eigenen Krankheiten nicht mehr den alten Widerstand entgegenbringen. Aber sie gab nicht auf. Ihr Verstand und ihr Witz funktionierten wie immer. Sie blieb Statthalter bis zuletzt, schrieb weiter an Büchern und interessierte sich für das, was in der Welt vor sich ging.

Am 1. März 1982 trifft Anna Freud ein Schlaganfall; sie kann ihre Gedanken nur noch mit großer Mühe sprachlich artikulieren, sie ist zur Untätigkeit gezwungen, mit das Schlimmste, was sie befürchtet hatte. Ihre Gedanken sind so klar wie sonst, aber sie erlebt schmerzvoll, daß ihre Vermittlung nicht mehr funktioniert. Am 8. Oktober 1982 starb Anna Freud.

Was Anna Freud über ihren eigenen Lebensweg, von Kind an, und über die Schicksalswege anderer Kinder erfahren hat, griff sie in ihrem Hauptwerk über die *Wege und Irrwege in der Kinderentwicklung* auf. Sie war, als es 1965 erschien, siebzig Jahre alt und schrieb wieder ein Werk, das für die psychologische Auffassung ihres Vaters warb – sie tat nie so, als habe sie das Rad neu erfunden.

Anders als ihr Vater mit siebzig suchte sie, »Spekulationen« zu vermeiden. Sie schränkte sich dadurch selbst ein; sie brachte die Vielfalt der Einzelbeobachtungen zwar in ein bewegliches System, aber sie ging nicht so weit, alles in (neue) Kategorien des Werdens zu übersetzen. Dadurch wäre vielleicht noch deutlicher herausgetreten, wie sehr sie das Bild einer »schöpferischen« Entwicklung im Blick hatte. Denn Anna Freud führte das Werk ihres Vaters, auf ihre Weise, zu einer Psychologie weiter, in deren Mitte das Prinzip eines Ganzen im Werden steht.

Psychologisch denken zu lernen, ist für Anna Freud der Ausgangspunkt; von ihm hängt es ab, ob es gelingt, eine Beschreibung der Phänomene mit ihrer Rekonstruktion zu verbinden. Man kann unter einer Psychologie der Entwicklung, ohne viel nachzudenken, einen Fachbereich verstehen, in dem, den Veränderungen zwischen Geburt und Tod entlang, Daten gesammelt und mit Stichworten versehen werden. Aber Entwicklung kann auch als ein Wesenszug seelischen Existierens verstanden werden: Es sind Produktionen im Werden, mit typischen Bedingungen und Instrumentierungen, die so zu analysieren sind, daß das »Funktionieren eines Räderwerks«, die Konstruktion von Entwicklung, faßbar wird.

Entwicklung fällt nicht als ein Geschenk vom Himmel. Die Menschen müssen Entwicklung lernen, sie müssen sie erleiden und ausgestalten; sie müssen in Entwicklung bleiben und darin ihren Lebenssinn finden. In diesem Konzept kann Anna Freud ihre revolutionären Ansichten noch einmal verdeutlichen. Die seelischen Gebilde werden nicht nach Art eines Baukastensystems aufgestockt; das kann man nicht Entwicklung nennen. Für Anna Freud ist von vornherein ein unfertiges Ganzes im Spiel (»in flux«); mit den traditionellen logischen Bestimmungen ist das nicht zu packen. Denn dieses von vornherein gegebene Ganze existiert nur in den Umgestaltungen, die im Laufe der Zeit herauskommen. Der »elementare« Urzustand geht notwendig in Kultivierungsformen über – die aber sind ebenfalls aus dem Ganzen, von vornherein, nicht wegzudenken.

Wenn wir die Lebensgeschichte der Menschen verfolgen, merken wir, daß der seelische »Reichtum« es nicht zuläßt, feste Ziele oder feste Beziehungen zwischen den verschiedenen Anteilen des seelischen Getriebes anzunehmen. So können sich destruktive Wirkungstendenzen zu verschiedenen »Persönlichkeitsbildern« wandeln: Abenteurer, Lehrer, Chirurgen, Pazifisten. Sigmund Freud hatte in der Entwicklung vor allem den Konflikt zwischen den Generationen, das Herkommen und seine Umbildung, in den Blick genommen. Anna Freud stellt ein (schöpferisches) Sich-Entwickeln-Können als Sinn des seelischen Lebens heraus. Als ein Danebengehen des Sich-Entwickelns lassen sich dann die pathologischen Verkehrungen verstehen.

Wenn die Psychoanalyse zu erfassen sucht, wie sich Entwicklung herstellt, muß sie sich »analytisch« ein Bild von dem Hin und Her widersprüchlicher Gestaltungs- oder Strukturierungsprozesse machen, die man mit Worten wie Trieb, Ich, Über-Ich, Realitätsprinzip benennen kann. Es ist unvermeidlich, daß es zwischen ihnen zu einem Zusammenwirken kommt. Von einseitigen Festlegungen auf ein Motiv, auf ein Trauma oder einen Komplex hat die Psychologie hier gar nichts; es ist notwendig, den Wandlungsprozessen der Grundtendenzen und ihren Übergängen ineinander zu folgen – darin lebt das Entwicklungs-Ganze.

Beim Verfolgen der Prozesse wird sichtbar, daß das Ganze der Entwicklung »System« hat. Es bringt Maßverhältnisse mit sich, die zu tun haben mit Weiter-Gehen, mit Stabilität, mit dem Einbeziehen einer vielfältigen Wirklichkeit, mit neuen Ausdrucksmöglichkeiten. In den Überlegungen von Anna Freud spielt so etwas wie die Selbstbehandlung von Entwicklung eine wichtige Rolle. Selbst die Neurose wird für sie zu einem »ausgearbeiteten Versuch«, mit einer Umwälzung fertig zu werden. Eine Psycho-Analyse unterstellt sich der Forderung, jeweils das ganze Gefüge eines Entwicklungsprozesses freizulegen.

Das Entwicklungs-Ganze ist ein lebendiges System, allerdings ein latentes System. Anna Freud will bei ihren Analysen seinen »Linien« nachgehen; das sind organisierende Bilder oder Prototypen von Verhalten und Erleben. Indem die Psychologie diese »Linien« heraushebt, macht sie in Bewegungen und Gegenbewegungen faßbar, wie sich Liebesbeziehungen herstellen, wie Triebkontrollen, sogenannte Ich-Tätigkeiten, zustande kommen, wie sich Muster entwickeln für Ordnung und Reinlichkeit, für den Umgang mit anderen oder für das Übernehmen von Verantwortung. Was sich dann wieder beziehen läßt auf die Entwicklung der Regulationen zwischen Es – Ich – Überich und Realität. Mit solchen Gesichtspunkten macht sich eine Psychoanalytische Psychologie unabhängig von psychiatrischen Klassifikationen.

Störungen der Entwicklung gehen »ganz einfach« zurück auf ein fehlendes Gleichgewicht bei der Entfaltung des Entwicklungsprozesses selbst. Bei seiner Regulation können die einander widerstrebenden Gestaltungskräfte des Seelischen sich ergänzen, sie können sich spalten, sie können sich gegenseitig überrennen. Einsamkeitsängste lassen sich aushalten, wenn das Kind mit abstützenden Ergänzungen von seiten der Erwachsenen rechnen kann. Sie wachsen sich zu einer Störung aus, wenn die Fürsorge zu früh zurückgezogen wird.

Das Entwicklungs-Ganze existiert nur in seinen Wandlungsprozessen oder Metamorphosen, die man als Phasen, Bilder oder Typen bezeichnen kann. Je nachdem gewinnen Menschen, Dinge, Vorgänge verschiedenen Stellenwert. Die Eltern sind für das Kind etwas anderes im Zustand der Symbiose als in dem Zustand, in dem sich das Kind über Befriedigungsmöglichkeiten orientieren will, oder in dem Zustand, in dem es nach Vorbildern für die Über-Ich-Bildung sucht.

Diesem Entwicklungskonzept gemäß suchte Anna Freud nach Bedingungen, deren Konfiguration verständlich macht, was sich jeweils als Inhalt eines Entwicklungs-Werkes herausbildet und welche Bewegungen und Begrenzungen eine solche Produktion mit sich bringt. Was muß vorankommen und ausgeformt werden, damit es vom Spiel zur Arbeit weitergeht? Welche Mechanismen müssen zusammenwirken, damit sich überhaupt weitere Ausgestaltungen der Anteile des Ganzen ergeben? Welche Verhältnisse des Seelenbetriebs ermöglichen bestimmte Entwicklungsschritte – indem sich etwa das Realitätsprinzip mehr und mehr bestätigt, werden zugleich »geheime Domänen« von Phantasie gebildet. Hieran vor allem war Anna Freud interessiert. Und hier versuchte sie auch andere Psychologen zu interessieren; denn von da aus beginnt man zu verstehen, was es heißt, die Lebensgeschichte eines Menschen psychologisch zu rekonstruieren. Und dann bleibt auch die »andere« Welt des kindlichen Erlebens nicht so rätselhaft: Wenn die Mutter krank ist, denkt das Kind, sie ist böse auf mich; wenn es regnet, dann nur, um den heiß ersehnten Ausflug zu verderben; einem Kind fällt nicht ein, daß es auch für Menschen regnet, die nichts

Schlimmes getan haben. In der Kindheit sind die Mechanismen und Verhältnisse eben noch ganz anders am Werk als in den Organisationsformen der Erwachsenenkultur.

Anna Freud verstand den Entwicklungsprozeß als Kultivierungsprozeß. Ihr ungewöhnliches Entwicklungskonzept konnte dabei aufgreifen, was Sigmund Freud seinen Zeitgenossen an ungewohnten Erklärungen für eine Kulturbildung, beispielsweise in der *Totemmahlzeit*, zugemutet hatte. In der Hinsicht war die Psychoanalyse auch eine Kulturrevolution. Weder Sigmund Freud noch Anna Freud schlossen jedoch daraus, es sei sinnvoll, Kultur abzuschaffen; beide hatten sich auch dafür entschieden, das Bild der europäischen Kultur, in der sie lebten, als eine Lebensform zu verteidigen, die man nicht aufgeben sollte, ehe nicht ein neues Lebens-Bild existierte, das den Problemen der seelischen Konstitution gerecht würde. Psychoanalyse bedeutet für sie nicht, daß alles beliebig sei. Auch wenn man den Blick nicht davor verschließt, wieviel im Seelischen in Entwicklung ist – um das Anerkennen eines Systems in der Entwicklung wie auch um Entscheidungen und ihre Konsequenzen kommen wir nicht herum.

Die Psychoanalyse im ganzen war für Sigmund Freud und Anna Freud eine Entscheidung, die Wirklichkeit so und nicht anders zu sehen. Daher hatten sie auch nichts für einzelheitliche »Neuerungen« übrig, die das ganze Konzept aus dem Blick verloren. Beide forderten ihre Mitmenschen auf, sich klar zu machen, ob sie der psychoanalytischen Auffassung von seelischer Wirklichkeit zustimmen könnten oder nicht.

Sigmund Freud hatte seine Auffassung zu bestärken versucht, indem er die »Wissenschaftlichkeit« seiner Psychologie gemäß der Tradition des 19. Jahrhunderts mit »biologischen« Fundierungen abzustützen suchte – was im Gegensatz zu anderen seiner Aussagen stand und einige Verwirrung hervorrief. Anna Freud verzichtete darauf, ihr Konzept an andere Wissenschaften anzulehnen. Für sie war die Psychoanalytische Psychologie eine Wissenschaft, die ihr eigenes Recht hatte; das gab ein Mitspracherecht, wenn es darum ging, etwas über die Existenz des Menschen in dieser Welt auszusagen.

Sigmund Freud und Anna Freud verkörperten ein Bild vom Menschen, in dem sich Menschliches-Allzumenschliches und die Lebensweisheit wirklicher, nicht angemaßter Autorität verbinden. Das führen die Menschen gerne weiter zu einer Legende, die ausgestaltet, wie sich Menschen ihre Heroen wünschen. Das ist aber nur die eine Seite. Das Leben des Vaters und das Leben seiner Tochter läßt sich auch anders verstehen: Als ein Bild von Menschen, wie sie nun einmal wirklich sind und wie sie dabei doch ein Mehr und ein Anders erreichen, das sie zu ungewöhnlichen Gestalten macht.

WILHELM SALBER

geboren 1928 in Aachen, war dreißig Jahre Direktor des Psychologischen Instituts der Universität zu Köln. Er entwickelte dort das Konzept einer Psychologischen Morphologie, das der Erforschung der Alltagskultur, der Medien und der Geschichte der Psychologie einen neuen wissenschaftlichen Rahmen bietet. Die Ergebnisse vieler Untersuchungen hat er in 30 Büchern und 125 Abhandlungen dargestellt. Dazu zählen *Entwicklungen der Psychologie S. Freuds*; 3 Bde., 1973/1987[3]; *Anna Freud*, 1985/1997[3]; *Märchenanalyse*, 1987; *Der Alltag ist nicht grau*, 1989/1992[2]; *Seelenrevolution*, 1993; *Traum und Tag*, 1997.

Die Deutsche Bibliothek - CIP-Einheitsaufnahme

Umschlaggestaltung: + malsy, Bremen
Umschlagfoto: © A. W. Freud et al / Mark Paterson and Associates, Essex
Abbildungen innen: Max Halberstadt, © W. Ernst Freud / Mark Paterson Associates, Essex
Signet: Dorothee Wallner nach Caspar Neher »Europa« (1945)
Herstellung: Das Herstellungsbüro, Hamburg
Satz: H & G Herstellung, Hamburg
Druck und Bindung: Druckerei Wagner, Nördlingen
Printed in Germany